Les PréRaphaélites

Les PréRaphaélites

Christopher Wood

BOOKKING
international

© 1994 Bookking International
© Christopher Wood Ltd 1981

Première publication en langue anglaise par
George Weidenfeld & Nickolson Ltd.

Conception : Jonathan Gill-Skelton

Production : Russel Ash

Traduction : Paul Delifer

Composition, mise en pages : Charente Photogravure

Imprimé en CE par Printers Srl Italie

ISBN : 2-87714-248-5

CRÉDITS PHOTOGRAPHIQUES

Les numéros de page se réfèrent aux planches-couleurs seulement ; ils figurent à la première mention d'une peinture dans chaque section. Pour l'ensemble des illustrations en noir et blanc, se reporter à l'index.

Illustrations en noir et blanc
Ashmolean Museum, Oxford : 22, 98 (à gauche) ; Birmingham City Art Gallery : 12 (en bas), 34 (en haut), 84, 116 (les deux) ; collections privées : 13, 95 (en bas), 96 (en bas), 98 (en bas), 112 (en haut) ; reproduits avec la permission des Syndics de Fitzwilliam Museum, Cambridge : 2, 6 ; Forbes Magazine Collection : 144 (en haut) ; Glasgow City Art Gallery : 120 ; Guildhall Art Gallery, Londres : 9, 61 ; Harris Museum and Art Gallery, Preston : 78 ; Lady Lever Art Gallery, Port Sunlight : 37 (extrême droite) ; Manchester City Art Gallery : 10, 51 (à droite) ; National Portrait Gallery, Londres : 24 (extrême gauche), 30 (en haut), 40 (en haut), 45, 46, 52, 106, 112 (en bas), 126 ; Russel-Cotes Art Gallery, Bournemouth : 95 (en haut) ; Southampton Art Gallery : 123 (toutes) ; Tate Gallery, Londres : 1, 16, 24 (à gauche), 30 (à gauche), 34 (à gauche), 37 (à droite), 40 (en bas), 51 (extrême droite), 54, 57, 59, 66 (les deux), 71, 77, 90, 94, 101, 110, 118, 137 (toutes), 144 (en bas), 146, 150 ; Victoria and Albert Museum, Londres : 12 (en haut) ; Walker Art Gallery, Liverpool : 86, 96 (à gauche).

Planches-couleurs
On trouvera sur les planches l'indication des lieux où se trouvent les peintures reproduites. Toutes les photographies ont été fournies par leurs propriétaires respectifs. Cependant nous remercions plus particulièrement : The Bucentaur Gallery (151, 154) ; The Cooper-Bridgeman Library (31, 43, 57, 62, 152) ; John Leigh (137) ; Sotheby's Belgravia (136) ; John Webb (tous les sujets de Tate Gallery).

Page 1 : **Sir Edward Burne-Jones**, étude pour *Le Roi Cophetua et la mendiante*.

2 : **Sir John Everett Millais**, *La Demoiselle d'honneur*, signé d'un monogramme et daté de 1851. Panneau 27 × 20 cm. Exemple de « fille du tonnerre » préraphaélite aux cheveux longs et ondulés. Millais a expliqué qu'il a représenté « une demoiselle d'honneur passant neuf fois dans le cercle le gâteau de mariage », une coutume de noces encore en vigueur à l'époque victorienne.

6 : **Sir John Everett Millais**, étude pour *Isabella*, 1849.

Sommaire

Remerciements

Toutes les illustrations de ce livre sont reproduites avec l'aimable autorisation de leurs propriétaires. Je ne peux que les en remercier collectivement, qu'il s'agisse de collectionneurs privés, de dépositaires, de conservateurs de musée, de commissaires-priseurs ou de marchands. Plusieurs d'entre eux ont été particulièrement patients et serviables en nous permettant de photographier leurs tableaux en couleurs. Ce fut en particulier le cas des personnels de Tate Gallery, de Birmingham City Art Gallery et de Manchester City Art Gallery, lesquels, à eux seuls, possèdent la plupart des chefs-d'œuvre préraphaélites majeurs. Je dois une reconnaissance spéciale à Russell Ash pour son zèle infatigable dans la mise en page de toutes les photographies et pour avoir suivi de très près la production de ce livre dans toutes ses étapes ; à Jonathan Gill-Skelton pour son travail de concepteur, de même qu'à Jill Hollis qui a lu et préparé l'édition du manuscrit. Mes remerciements vont aussi à Alexandra Moore et à Joanna Millais qui ont assumé la difficile tâche de taper le manuscrit au milieu des distractions et des dérangements qui marquent le travail dans ma galerie.

J'ai écrit la plus grande partie de ce livre pendant les vacances d'été que j'ai passées avec ma famille sur la côte du Northumberland en 1980. Si j'ai trouvé l'inspiration en ces lieux, je reconnais cependant que je n'ai pas consacré à ma femme et mes enfants autant de temps qu'un père devrait le faire en vacances. S'il arrivait que le lecteur aimât mon livre, il devrait alors avoir une pensée de gratitude non seulement pour l'auteur mais aussi pour Sarah, son épouse, ainsi que pour Alexandra, Laura et Henry, leurs enfants.

Introduction

Il existe déjà une abondante littérature préraphaélite, et qui menace de devenir une industrie. Alors, pourquoi un livre de plus sur ce sujet ? A cela voici trois raisons. D'abord, la plupart des livres publiés jusqu'ici sur les préraphaélites sont de petit format et peu illustrés. Pour la première fois, voici un volume qui se propose d'illustrer de nombreux chefs-d'œuvre préraphaélites célèbres ainsi qu'un grand nombre d'œuvres moins connues reproduites tout en couleurs et de la plus haute qualité. Ensuite, la plupart des ouvrages portant sur ce sujet ont surtout traité de la confrérie préraphaélite et de la première phase du mouvement, n'effleurant que superficiellement leur deuxième aspect, celui de l'esthétique. C'est là un point de vue à mon avis déséquilibré et c'est pourquoi j'ai consacré plus de la moitié des illustrations de ce livre à la seconde phase du préraphaélisme, la poussant jusqu'à la fin du XIXᵉ siècle et loin dans le vingtième. Enfin, une quantité extraordinaire de livres ont été consacrés à la vie privée des artistes concernés, en particulier à leur vie amoureuse, et trop peu à leur art, ce qui ne peut que surprendre. Certains de ces livres comportent beaucoup de préjugés, et souffrent des idées fixes de leurs auteurs, ce qui leur donne maintenant un air vieux jeu. D'autres auteurs ont voulu interpréter le mouvement préraphaélite uniquement en termes politiques ou sociaux. Ce que j'ai essayé de faire, c'est de donner une vue équilibrée, objective des préraphaélites et de leurs disciples, concentrant davantage ma vision sur leurs réalisations artistiques et moins sur leur personnalité, aussi fascinante soit-elle. Mon texte n'est pas long, et pourrait être pris pour un simple survol de la question, laissant aux illustrations et aux légendes le soin de parler d'elles-mêmes. Il faudrait consacrer à la plupart des artistes cités une monographie distincte. Et pourtant – fait étonnant – il n'existe pas jusqu'à ce jour de bons ouvrages sur Holman Hunt, Millais ou Madox Brown, pour n'en citer que quelques-uns. J'espère que ce livre apportera une contribution utile à ce vaste sujet, et comblera ce qui est de toute évidence un grand vide.

Le terme « préraphaélite » risque de devenir une des étiquettes les plus abusivement utilisées dans l'histoire de l'art. Il a besoin d'être défini. C'est ce qui m'a amené à partager ce livre en trois parties bien distinctes. La première traite de la confrérie préraphaélite, de ses membres et de ses adeptes immédiats ; elle couvre la période allant de 1848 à 1860 environ. La deuxième partie parle des paysagistes préraphaélites, qui forment une ramification, tout à fait distincte du mouvement. La troisième partie est consacrée à la deuxième phase – esthétique – du mouvement, dont les principaux représentants sont Rossetti et Burne-Jones. Ici j'ai inclus les nombreux adeptes et disciples de Burne-Jones, ainsi que des peintres romantiques comme Waterhouse, Byam Shaw et Cadogan Cowper, qui ont poussé le préraphaélisme bien avant dans le XXᵉ siècle. C'est la troisième phase qui est la plus difficile à définir. On s'y réfère parfois comme étant le mouvement esthétique, ou le « post-préraphaélisme ». Elle est reliée, à travers William Morris, au mouvement des Arts et métiers, et eut aussi des partisans parmi les architectes de la Renaissance Queen Anne. Ce fut une période immensément riche et très éclectique, et qui a produit un art d'une variété et d'une diversité sans fin, dont le préraphaélisme n'est qu'un élément parmi beaucoup d'autres. Mais pour la plupart des jeunes artistes anglais, même jusque dans les années 1890, l'exemple des préraphaélites est resté une force vive, le symbole d'un grand accomplissement artistique et une source puissante d'inspiration.

La confrérie préraphaélite

Les origines de la confrérie préraphaélite

L'année 1848 fut une année de révolutions. A travers toute l'Europe, les trônes et les gouvernements étaient renversés. En Angleterre, si la révolution politique était écartée, trois jeunes étudiants de l'Académie royale commençaient cette même année une révolution dans l'art qui devait avoir des répercussions jusqu'à la fin du siècle, et même au-delà. Ces trois étudiants s'appelaient Dante Gabriel Rossetti, William Holman Hunt et John Everett Millais, les fondateurs de la confrérie préraphaélite, le mouvement le plus influent et le plus controversé de toute l'histoire de l'art anglais.

Avant d'essayer de définir les buts et la doctrine artistique de la confrérie préraphaélite (ou PRB comme on l'appelle généralement : initiales de *Pre-Raphaelite Brotherhood*), il est important de comprendre deux choses. D'abord, la confrérie regroupait des hommes sérieux, révoltés, fougueux et par-dessus tout très jeunes. Leurs objectifs artistiques étaient plutôt confus, ce qui d'ailleurs était inévitable. Si tous voulaient le changement, ils avaient pourtant des points de vue très divergents sur la façon d'y arriver. Les résultats variaient beaucoup d'un artiste à l'autre. Ce qu'ils avaient en commun, c'étaient leur jeunesse et leur enthousiasme. La confrérie, en tant que mouvement, naquit un soir de l'hiver 1848, et c'est l'année suivante que les premiers tableaux signés des initiales PRB, alors mystérieuses, furent exposés en public. En 1853, Millais fut élu membre associé de l'Académie royale, ce que Rossetti perçut comme un signe annonciateur de la fin de la confrérie. Dès lors, ses membres ainsi que leurs adeptes et leurs disciples prirent des voies différentes. Mais ils avaient – en quatre ans – déclenché une révolution artistique dont les conséquences allaient être considérables. Il n'est pas exagéré de dire que l'influence des préraphaélites sur l'art et la littérature de l'Angleterre demeura jusqu'à la toute fin du XIXe siècle et se poursuivit même bien avant dans le XXe siècle.

L'histoire de la confrérie commence donc durant l'hiver 1848, lorsque Holman Hunt et Rossetti, tous deux étudiants à l'Académie, se lient d'amitié. Rossetti avait vu et admiré le tableau de Hunt intitulé *La Veille de la Sainte-Agnès* à l'exposition de l'Académie royale. Lui-même étudiait la peinture à l'huile avec Ford Madox Brown, mais il se fatigua vite de la discipline rigide qu'imposait son aîné. Il décida de partager l'atelier de Hunt et ce dernier l'aida à terminer sa première peinture à l'huile *L'Adolescence*

Dante Gabriel Rossetti (1828-1882)

L'Adolescence de la Vierge Marie

Signé PRB et daté de 1849
Toile 83 × 64 cm
Tate Gallery, Londres

Première peinture à l'huile importante de Rossetti et premier tableau exposé avec les mystérieuses initiales « PRB ». Rossetti commença ce tableau en 1848 et le termina en 1849 avec l'aide de Madox Brown et de Holman Hunt. Ce furent la sœur de Rossetti, nommée Christina, et sa mère qui lui servirent de modèles pour le personnage de la Vierge Marie et celui de sainte Anne, mère de la Vierge. Le tableau est plein de références symboliques à la vie du Christ. La Vierge et sainte Anne sont en train de broder un lys sur un tissu cramoisi. Auprès d'eux, un lys, symbole de pureté, sur une pile de livres aux titres des vertus cardinales. A côté un angelot se tient debout. Par terre, une branche de palmier à sept feuilles et une branche d'églantier à sept épines attachées avec un ruban portant ces mots : *Tot dolores tot gaudia* (*tant de souffrances, tant de joies*), symbole de la Passion future. Derrière sainte Anne, on voit une croix sur laquelle s'enroule un lierre, un manteau cramoisi, symbolisant la robe du Christ, et une colombe auréolée, emblème de l'Esprit-Saint. A l'arrière-plan, saint Joseph taille un pied de vigne, symbole du vrai vin et du grand sacrifice.

William Holman Hunt, *La Veille de la Sainte-Agnès*, 1848.

de la Vierge Marie (p. 8). Hunt était déjà l'ami de Millais, enfant prodige, entré à dix ans aux écoles de l'Académie. Hunt présenta Rossetti à Millais, et tous les trois commencèrent à se retrouver régulièrement, soit dans l'atelier de Hunt à Cleveland Street, soit dans la maison des parents de Millais à Gower Street. Comme ils se plaisaient mutuellement et que leurs opinions sur l'art coïncidaient, ils décidèrent de former leur propre société artistique. Tous trois appartenaient déjà à des groupements d'étudiants ou d'artistes d'un genre ou d'un autre, mais la société qu'ils projetaient de former devait être différente. Elle serait, probablement sur la suggestion de Rossetti, une société secrète, connue seulement de ses membres. L'excitation que provoquait cet aspect de conspiration se doubla d'une similarité avec les sociétés révolutionnaires, comme celle des Carbonari, qui fleurissaient à la même époque en Italie.

Et quel nom allait-on donner à la nouvelle société ? On choisit le mot « préraphaélite » parce qu'il reflétait l'admiration de tous ces artistes pour les peintres italiens de la période d'avant Raphaël. En fait, aucun d'eux n'avait visité l'Italie. Mais ils avaient lu les ouvrages de Ruskin et, en se fondant sur un livre parlant des gravures de Lasinio inspirées des fresques du XIVe siècle de Campo Santo à Pise, ils décidèrent que l'honnêteté et la simplicité de ces artistes chrétiens primitifs étaient ce qu'ils désiraient imiter dans leur propre art. On choisit aussi le mot « confrérie » parce qu'il reflétait leur désir de former un groupement secret de frères étroitement liés et entièrement consacrés à l'art. En agissant ainsi, ils souhaitaient presque certainement suivre les nazaréens, un groupe d'artistes allemands vivant à Rome depuis 1810, et qui formaient un ordre semi-monastique, dévoué au rajeunissement de l'art religieux, conformément à l'esprit des primitifs italiens et allemands.

Réagir contre la mode du passé, c'est certainement le changement le plus fondamental dans le goût, et en cela les préraphaélites n'ont pas fait exception. Ils étaient tous solidaires dans leur opposition à l'*establishment* artistique et en particulier à l'Académie royale « *dont l'ambition était*, comme l'écrira Hunt plus tard, *les singeries, les livres de beauté et les enfants de chœur* ». Les préraphaélites se révoltaient avant tout contre la vague de trivialité et de vulgarité qui, année après année, s'engouffrait par les murs de l'Académie. Ils voulaient une peinture plus noble, plus sérieuse pour « *ramener l'esprit des gens à une bonne réflexion* », disait Millais. C'étaient des croisés, ayant le profond désir de produire un art meilleur, des tableaux qui inspireraient et élèveraient le spectateur. Ils condamnaient aussi tous les artifices de l'Académie et les techniques conventionnelles enseignées dans les écoles académiques. Ils rejetaient tout cela comme un gâchis et, par dérision, ils traitaient de Monsieur Gâchis (« Sir Sloshua ») le grand-prêtre de cette tendance, Sir Joshua Reynolds. C'est ainsi qu'abandonnant l'artificiel clair-obscur des vieux maîtres, ils décidèrent de peindre leurs tableaux avec une totale fidélité à la nature, étudiant chaque personnage à partir d'un modèle et peignant le paysage sur le vif, à l'extérieur. Ils utilisèrent les couleurs pures, authentiques, sur fond blanc, une technique qui donne à leurs tableaux l'éclat saisissant qu'ils ont gardé jusqu'à nos jours. Ils s'inspiraient en cela de John Ruskin qui, dans un passage célèbre de son livre *Peintres modernes* (*Modern Painters*), avait exhorté les jeunes artistes à « *aller à la nature en toute simplicité de cœur..., ne rejetant rien, ne sélectionnant rien et ne dédaignant rien ; en croyant que tout est juste et bon, et en vous réjouissant toujours dans la vérité* ». En fait, Ruskin avait écrit ces lignes à propos de Turner, que l'on pouvait difficilement classer parmi les préraphaélites. Mais bien que Turner ait eu une technique ainsi qu'une conception de la peinture tout à fait différentes, il partageait avec les préraphaélites la détermination de capter et reproduire toutes les facettes de la nature avec une entière honnêteté. Par la suite, un critique condamna Turner comme étant « *le chef préraphaélite* » et on peut dire qu'en un certain sens il avait raison.

Les idées artistiques de la confrérie n'étaient pas tout à fait nouvelles. Comme la plupart des mouvements révolutionnaires dans l'art, le préraphaélisme représentait autant un aboutissement qu'un nouveau départ. L'étincelle qui déclencha tout fut l'intensité ainsi que la détermination avec lesquelles ces jeunes artistes mirent leurs

Ford Madox Brown (1821-1893)
Dernier Regard sur l'Angleterre

Signé et daté de 1855
Panneau presque circulaire, 83 × 75 cm
Birmingham City Museum and Art Gallery

Le plus connu de toutes les peintures victoriennes sur le thème de l'émigration. Brown eut l'idée de cette peinture quand il alla à Gravesend dire adieu à son disciple préraphaélite Thomas Woolner qui émigrait en Australie. Il commença ce tableau en 1852, le termina en 1855 et l'exposa à l'académie de Liverpool en 1856. Les deux personnages représentent l'artiste et sa femme Emma. Celle-ci dut poser à l'extérieur par n'importe quel temps, même lorsque la neige recouvrait le sol. Brown soignait tellement sa technique qu'il lui fallut quatre semaines pour peindre le ruban rouge de la coiffe d'Emma.

James Collinson, *Réponse à la lettre de l'émigré*, 1850.

convictions en pratique. En passant en revue les années 1830 et 1840, l'historien peut trouver de nombreux précédents à leurs idées. Leur admiration pour l'art italien n'était pas nouvelle. Les écrits de Lord Lindsay et de Mrs Jamesone avaient déjà réveillé un certain intérêt pour ce qu'ils aimaient appeler « l'art chrétien primitif ». Des collectionneurs entreprenants, tels que William Young Ottley et le révérend John Sanford, avaient aussi commencé à rassembler des collections d'œuvres des primitifs italiens. Le prince Albert était lui aussi un grand collectionneur. Quand on commença la construction des nouveaux bâtiments du Parlement en 1843, on décida de les décorer de fresques du style primitif italien. On avait fait appel à Overbeck, un des chefs des nazaréens, mais il refusa. On organisa alors un concours, et Fred Madox Brown, grand admirateur des nazaréens, revint en Angleterre pour y participer. De nombreux artistes anglais des années 1840 avaient été influencés par les nazaréens. Ce fut en particulier le cas de William Dyce, William Charles Thomas Dobson, William Mulready et John Rogers Herbert. Dans les peintures religieuses de ces artistes, on peut nettement voir des similitudes de style avec les premières œuvres des préraphaélites.

D'autres artistes avaient précédemment utilisé les techniques qu'adopteraient les préraphaélites. Ce fut en particulier le cas de William Mulready qui pratiqua dès le début des années 1840 la technique de la peinture aux couleurs pures sur fond blanc. Le soin scrupuleux du détail naturel, caractéristique des préraphaélites, on peut le retrouver dans les tableaux représentant des fruits et un nid d'oiseau peints par William Henry Hunt. Et quand celui-ci disait qu'il se sentait « *vraiment effrayé* » quand il commençait à peindre une fleur, il ne faisait que devancer le respect des préraphaélites pour la reproduction minutieuse de la nature. Les brillantes scènes orientales de John Frederick Lewis révèlent que cet artiste utilisait lui aussi les techniques préraphaélites bien avant les préraphaélites eux-mêmes.

Les préraphaélites étaient également très conscients des injustices sociales de leur époque. Les « années quarante de la faim » étaient une période de troubles et d'incertitudes, culminant en 1848 dans la grande manifestation chartiste à laquelle Millais et Hunt assistèrent d'ailleurs tous deux. Ils étaient très patriotes, ce qui ne les empêchait pas de constater dans la vie de leur époque de nombreux sujets de critiques. Et ils furent piqués par l'esprit révolutionnaire du temps. Les préraphaélites peignirent donc de nombreux tableaux sur des thèmes sociaux, spécialement sur la place de la femme dans la société victorienne. Dans ce domaine, ils avaient été précédés par Richard Redgrave dont le célèbre tableau *La Gouvernante* date de 1844. Durant cette même décennie, Redgrave peignit d'autres tableaux de femmes exploitées : couturières, modistes, vendeuses, filles-mères. Les préraphaélites reprirent plusieurs de ces thèmes, et Hunt eut même assez de courage pour aborder le problème de la prostitution dans *Le Réveil de la conscience* (p. 42). Ce fut Madox Brown qui apporta la plus grande contribution aux sujets de la « vie moderne » avec *Le Travail* (p. 49) et *Dernier Regard sur l'Angleterre* (p. 11) ; Rossetti combattait avec son tableau intitulé *Découverte*, qu'il n'acheva d'ailleurs jamais. Sur les thèmes sociaux, Millais devait réaliser dans les années 1850 un certain nombre de dessins au crayon et à l'encre. Bien que de tels sujets soient une minorité dans les tableaux préraphaélites, c'est quand même une contribution vitale au développement de la peinture de la vie contemporaine.

Mais les préraphaélites s'étaient engagés à peindre avec une fidélité totale à la nature tous leurs tableaux, même ceux basés sur des thèmes médiévaux ou littéraires. « *Sans aucune considération pour l'art de n'importe quelle période ou de n'importe quel pays, j'ai tenté de rendre cette scène telle qu'elle devait apparaître* », écrivit Madox Brown à propos de *Dernier Regard sur l'Angleterre*. Cette remarque peut se dresser comme un credo de la confrérie préraphaélite et elle résume bien la volonté d'un nouveau départ. Tous ses membres adhérèrent aussi de tout cœur à l'idée ruskinienne selon laquelle un bon tableau, c'est celui qui porte beaucoup d'idées. Pour eux, l'art devait être intensément didactique, moraliste ; il était aussi délibérément révolutionnaire, et rien n'explique mieux que ce principe les effets dévastateurs de leur mouvement sur l'art anglais du

En haut : **Richard Redgrave**, *La Gouvernante* (*La pauvre institutrice*), 1844.
En bas : **Dante Gabriel Rossetti**, étude pour *Découverte*, vers 1855.

XIXᵉ siècle. C'était également un art hautement romantique : les préraphaélites sont incontestablement les héritiers victoriens du mouvement romantique. Ruskin vénérait Wordsworth, et Hunt fit connaître Keats à la confrérie. Généralement, les tableaux étaient basés sur la poésie romantique et presque tous traitaient d'amours romantiques ou tragiques. Et d'ailleurs la vie des préraphaélites eux-mêmes était empreinte de ce même romantisme qu'on retrouve très souvent dans l'histoire de l'art.

Le mouvement préraphaélite est un mélange d'idéalisme romantique, de rationalisme scientifique et de moralité. Ce mélange, typique de la moitié de l'ère victorienne, est plein de paradoxes, comme l'étaient d'ailleurs beaucoup d'autres domaines de l'époque victorienne. Comment expliquer autrement l'émergence d'un groupe d'artistes et d'intellectuels dont l'idée qu'ils se faisaient de la modernité était de peindre le Moyen Age ? Les préraphaélites étaient modernes et médiévaux tout à la fois ; comprendre cela, c'est comprendre les victoriens.

La confrérie (1848-1853)

La confrérie était donc vraiment formée en automne 1848. On se demanda alors qui on devait inviter à s'y joindre. En cette matière, les préraphaélites montrèrent une perversité juvénile qui étonna – et continue d'étonner – les historiens de l'art. Le seul artiste qui aurait dû appartenir à la confrérie – il s'agit de Ford Madox Brown – se vit opposer un refus catégorique par Hunt sous prétexte qu'il était trop âgé et trop pénétré des conventions académiques que la confrérie voulait justement renverser. Finalement, on invita quatre autres artistes à se joindre à la confrérie, ce qui donna un total

William Holman Hunt, *Rienzi jurant d'obtenir justice pour la mort de son jeune frère, tué dans une escarmouche entre les factions Colonna et Orsini*, 1849. C'est la première peinture PRB de Hunt, exposée en 1849 à l'Académie royale, où elle fut accrochée près d'*Isabella* de Millais. Rossetti servit de modèle pour le personnage de Rienzi, et Millais pour celui du chevalier Adrien, à gauche. En exécutant ce tableau, Hunt suivit pour la première fois les principes préraphaélites : il peignit le paysage directement sur place, à l'extérieur, *« renonçant complètement aux feuillages bruns, aux nuages noirs et aux coins sombres... »*

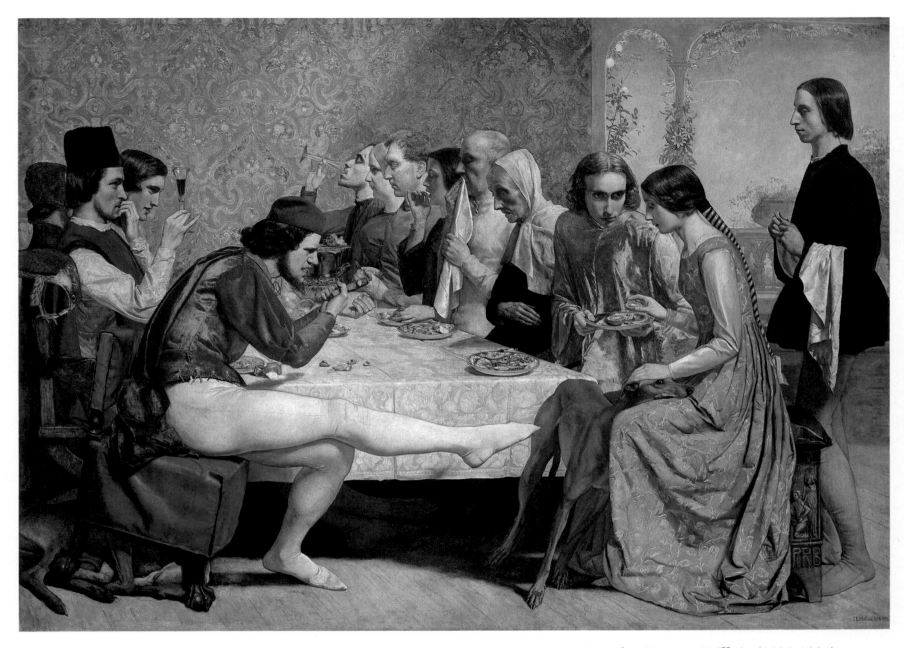

de sept. Des quatre nouveaux venus, un seul – James Collinson – était en fait peintre. Frederick George Stephens n'avait jamais terminé un tableau (il devait d'ailleurs renoncer plus tard à la peinture pour se mettre à l'écriture). De son côté, William Michael Rossetti, frère de Gabriel Rossetti, n'était pas artiste du tout (même s'il devint plus tard écrivain et critique célèbre). Enfin, le septième membre était un sculpteur, appelé Thomas Woolner. A cette époque, il n'avait réalisé aucune sculpture qui aurait pu être qualifiée de préraphaélite, et en 1852 il quitta l'Angleterre pour aller chercher fortune en Australie. Comment cette bande hétérogène de jeunes rebelles réussit-elle à lancer une attaque aussi efficace contre l'*establishment* artistique ? C'est l'un des prodiges de l'histoire de l'art anglais. Jamais un mouvement artistique aussi important n'a pu avoir un début aussi peu prometteur.

Comment cela est-il arrivé ? L'histoire fait maintenant partie de la légende préraphaélite et on peut la raconter brièvement. Durant l'hiver et le printemps 1848-49, les membres de la confrérie se réunissaient régulièrement pour échanger leurs idées ou leurs observations réciproques sur l'état d'avancement de leurs peintures, et à l'occasion esquisser ensemble le sujet d'un tableau. Ils dressaient aussi des listes d'« immortels », héros de l'art et de la littérature qu'ils admiraient le plus. Le choix des noms sur lesquels ils s'arrêtaient est presque aussi singulier que celui des membres admis dans la confrérie. Le Christ figurait en tête de liste et parmi les derniers hommes dans l'ordre des « immortels », il y avait Homère, le roi Alfred, Hogarth et Browning. C'est de l'été 1849 que date la première manifestation publique de la confrérie. Ce fut Rossetti qui exposa le premier. Sa première peinture à l'huile, *L'Adolescence de la Vierge*

14

Sir John Everett Millais (1829-1896)
Isabella

Signé et daté de 1849/PRB
Toile 103 × 143 cm
Walker Art Gallery, Liverpool

Premier tableau préraphaélite de Millais, commencé en 1848 et exposé en 1849 à l'Académie royale à côté du *Rienzi* de Hunt. Le tableau est inspiré d'un passage du poème de Keat intitué *Isabella ou le pot de basilic* :

Belle Isabelle, pauvre et simple Isabelle !
    Et Lorenzo, aux yeux de l'Amour jeune illusionniste !
Ils ne peuvent vivre sous le même toit
    Sans pincements de cœur, sans maladie ;
Ils ne peuvent s'asseoir à table ensemble.
    Mais ils savent qu'il serait doux, très doux,
    D'être tout près l'un de l'autre.

On voit Isabella à table avec Lorenzo et sa famille ; les frères de Lorenzo, assis à gauche, montrent leur malveillance envers Isabella, l'un en levant son verre d'un air moqueur, l'autre en donnant un coup de pied au chien. Millais prit pour modèles dans ce tableau plusieurs de ses amis, parmi les artistes et ses relations.

Walter Howell Deverell (1827-1854)
Douzième Nuit, Acte II, scène IV

1850
Toile 102 × 133 cm
Collection Forbes Magazine

Deverell était un ami très proche de la confrérie, mais il n'en faisait pas partie. Il partageait l'enthousiasme de ses membres pour les sujets shakespeariens. Dans ce tableau, il s'est représenté en Orsino, au centre, entouré d'Elizabeth Siddal en Viola, à gauche, et Rossetti en bouffon, à droite. L'architecture et la perspective sont désarticulées et il y a un étrange groupe d'Arabes jouant en arrière-plan ; cependant, ce tableau est un document important dans l'histoire préraphaélite. Deverell est mort tragiquement à 27 ans. On se souvient de lui surtout grâce à ce tableau et aussi parce que c'est lui qui découvrit Elizabeth Siddal, qui travaillait comme vendeuse dans un magasin de Leicester Square.

Marie (p. 8), fut envoyée à l'Exposition libre près d'un mois avant l'ouverture de l'exposition de l'Académie. Le tableau doit beaucoup à Madox Brown et est entièrement nazaréen dans le style et le sujet. C'est en fait une des rares peintures préraphaélites qui représente réellement une tentative de ressusciter la tradition de la peinture religieuse des primitifs italiens. Elle fut reçue favorablement par les critiques.

Un mois plus tard, les premiers tableaux préraphaélites apparurent à l'Académie. C'était *Isabella* de Millais (ci-dessus) et *Ferdinand séduit par Ariel*, ainsi qu'un sujet narratif italien par Collinson, *Portraitistes italiens dans une taverne sur le bord de la route*. Les trois tableaux étaient signés des mystérieuses initiales PRB, qui semblent avoir passé complètement inaperçues. Les critiques rendirent hommage aux peintures de Millais et de Hunt, les qualifiant d'essais admirables dans le style primitif italien, mais le critique d'*Athenaeum* n'avait pas trouvé à son goût le personnage de l'homme donnant un coup de pied au chien dans *Isabella*, qu'il qualifia d'« *absurde maniérisme* ». Cet étrange tableau, avec sa perspective audacieuse et sa composition gauche, était probablement une tentative délibérée de narguer les conventions académiques d'une certaine correction de style et aussi, comme l'écrivit plus tard Madox Brown, « *de toucher au vif le Philistin* ». En Angleterre, il faut certainement du courage pour peindre un tableau représentant un homme donnant un coup de pied à un chien. Et, malgré cela, le *Art Journal* fit l'éloge de « *la sensibilité de l'école primitive florentine* » qui se dégage de cette toile, affirmant même que ce tableau « *ne manquera pas d'établir la renommée*

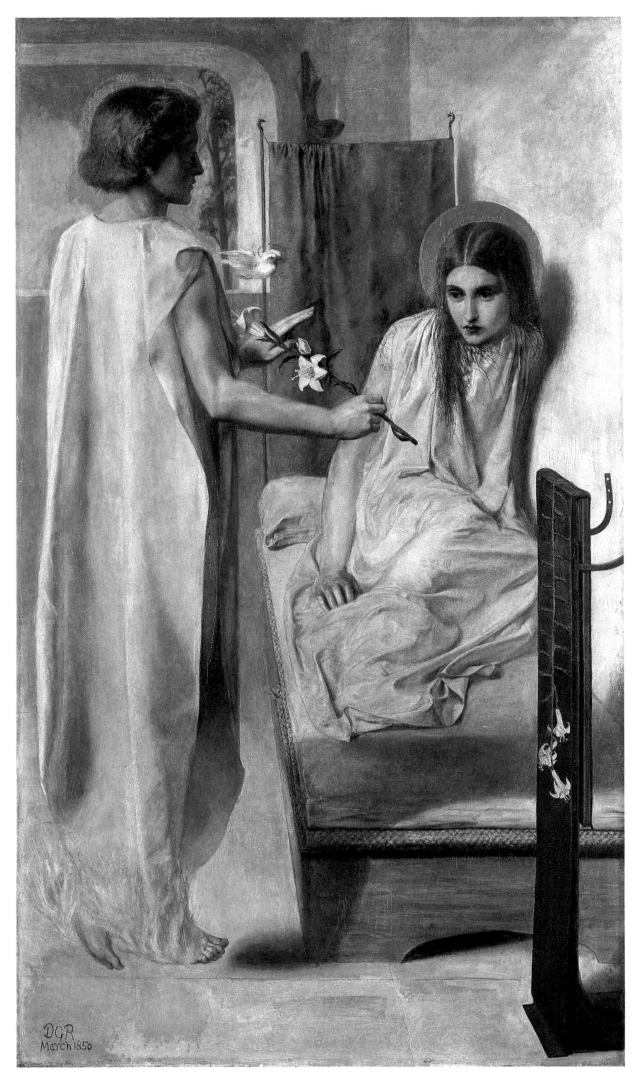

Dante Gabriel Rossetti
(Ecce Ancilla Domini)
Voici la servante du Seigneur

Signé et daté de mars 1850
Toile montée sur panneau 73 × 42 cm
Tate Gallery, Londres

Deuxième tableau préraphaélite de
Rossetti. Exposé au Portland Gallery, il
fut violemment critiqué. En
conséquence, Rossetti refusa d'exposer
désormais à Londres. Christina, sœur de
Rossetti, servit à nouveau de modèle
pour le personnage de la Vierge. Le tissu
cramoisi qu'elle brodait avec sa mère
dans *L'Adolescence de la Vierge Marie* est
visible ici complètement terminé. Le
tableau resta longtemps invendu et
Rossetti y travailla jusqu'en 1853
lorsqu'il écrivit : « *Cet après-midi béni,
j'aurai enfin terminé cette blanche bête
noire bénie.* » Finalement, le tableau fut
acheté par un certain McCraken, de
Belfast, qui fut l'un des premiers
protecteurs des préraphaélites, et que
Rossetti qualifiera de « *maniaque
irlandais* ».

Dante Gabriel Rossetti, étude pour
Ecce Ancilla Domini, 1850.

16

Sir John Everett Millais
Le Christ dans la maison de ses parents

Signé et daté de 1850
Toile 86 × 140 cm
Tate Gallery, Londres

Exposé à l'Académie royale en 1850 avec cet extrait du
prophète Zacharie, chapitre XIII, verset 6 :

Et quelqu'un lui dira : Quelles sont
ces blessures sur tes mains ? Et il répondra :
Ce sont des blessures que j'ai reçues dans la maison de mes
amis.

And one shall say unto him, What are these
Wounds in the hands ? Then he shall answer
Those with which I was wounded in the house of my friends.

C'est le tableau qui a été le plus violemment dénigré
par les critiques, surtout Charles Dickens, qui écrivit
une célèbre diatribe dans *Mots courants* (*Household
Words*), le décrivant comme « vil, répugnant et
révoltant ». Ce qui semblait irriter les critiques, c'était
de voir Millais oser peindre la Sainte Famille sous les
traits de gens ordinaires, avec une honnêteté et un
réalisme complets. On parlait avec dérision de ce
tableau, lui donnant le titre de « *l'atelier du
charpentier* », nom qu'on lui donne généralement de
nos jours.

du jeune peintre ». Le *Art Journal* eut aussi des mots élogieux pour *Rienzi* de Hunt, sou-
lignant que ce peintre doit être « *un homme de génie... sans aucun doute destiné à occu-
per une place de premier plan dans l'art* ». On ignora le tableau de Collinson, mais les
trois tableaux furent vendus, et Millais se sentit assez confiant pour écrire à Rossetti
que « *le succès du PRB est maintenant* tout à fait certain ».

Cette confiance devait être rudement ébranlée l'année suivante, en 1850. La raison
principale en fut que le secret des initiales PRB transpira, probablement par suite de
bavardages entre artistes et critiques. L'*establishment* artistique réagit violemment
contre l'existence de ce qu'il considérait comme une société secrète présomptueuse et
provocante, formée de jeunes étudiants de l'art rebelles. Il y avait à cette réaction une
deuxième raison : la confrérie publia une revue intitulée *Le Germe* (*The Germ*), publication éphémère dont quatre numéros seulement parurent au début de 1850. Bien que
son existence fût brève, ce magazine occupe une place importante dans l'histoire du
mouvement. C'était une revue littéraire et artistique, dont l'intention était d'être le
porte-parole des idées du groupe, tandis que Rossetti en était le guide spirituel. Les
premiers poèmes de Rossetti parurent dans *The Germ*, et tous les autres membres de
la confrérie, à l'exception de Millais, contribuèrent à la rédaction de cette revue par
des poèmes, des articles ou des gravures à l'eau-forte. Il y eut aussi des contributions
extérieures, notamment celles de Coventry Patmore, à l'époque pratiquement inconnu,
Christina Rossetti, Ford Madox Brown, Walter Howell Deverell et William Bell Scott.
Le magazine fut un échec total, l'Académie lui fit ignominieusement la chasse et on
en vendit très peu d'exemplaires. Le but de la revue était de faire la propagande du
mouvement, et ce but fut certainement atteint. Au printemps 1850, le PRB et *The Germ*
étaient largement connus dans le milieu des arts, ce qui eut des effets désastreux.

Les critiques tournèrent en effet leurs dards contre la confrérie. Lorsque Rossetti et
Deverell accrochèrent *Ecce Ancilla Domini* (*Voici la servante du Seigneur*) (p. 16) et *La*

Douzième Nuit (p. 15) à l'Exposition libre en avril, ils y reçurent un accueil hostile. Entre-temps, le périodique *Illustrated London News* publia un potin sur les membres du PRB, les décrivant en termes sarcastiques de « *praticiens de l'art primitif chrétien* »... qui – laissant de côté « *les écoles médiévales d'Italie, les Raphaël, Guido et Titien, et tous les barbouilleurs insignifiants de cette espèce – consacrent leur énergie à la reproduction de saints comprimés et tout à fait plats* ». Mais le pire devait venir de l'Académie royale où il y avait des tableaux de Millais, de Hunt, de Collinson et d'un autre converti à la cause, Charles Allston Collins, frère de l'écrivain Wilkie Collins. C'est le tableau de Millais intitulé *Le Christ dans la maison de ses parents* (p. 17) – connu aussi sous le nom de *L'Atelier du charpentier* – qui déclencha les attaques. Le *Times* fulmina : « *Le principal tableau de M. Millais est, pour parler clairement, révoltant. Tenter d'associer la Sainte Famille aux détails les plus médiocres d'un atelier de charpentier, sans rien omettre de la misère, de la saleté, et même de la maladie, tout cela mis au point avec la même minutie repoussante, est répugnant.* » Les ravages augmentèrent à la suite de la fameuse diatribe de Charles Dickens dans *Mots d'usage courant* (*Household Words*). Dickens rejetait l'œuvre des préraphaélites, la qualifiant de « *mesquine, repoussante et révoltante* ». Il alla jusqu'à viser en particulier *L'Atelier du charpentier* de Millais, qualifiant le personnage du Christ jeune de « *garçon hideux, au cou tordu, aux cheveux roux, et chia-*

William Holman Hunt (1827-1910)
Une famille anglaise convertie soustrayant un prêtre chrétien à la persécution des druides

Signé et daté de 1850
Toile 111 × 133 cm
Ashmolean Museum, Oxford

Le thème des premiers temps de la chrétienté dont s'inspire ce tableau a son origine dans un concours pour la médaille d'or à l'Académie royale sur le sujet : « Un acte de pitié ». De nombreux amis de Hunt posèrent comme modèles : William Michael Rossetti pour le personnage du prêtre et Elizabeth Siddal pour celui de la jeune fille à ses côtés. Le paysage et la cabane furent peints à Lea Marshes, dans l'Essex. Hunt a écrit plus tard qu'il avait ajouté le vin et les céréales pour suggérer « *l'influence civilisatrice de la religion divine* », et le filet au-dessus de la porte pour suggérer le christianisme et parce que les druides donnaient au poisson un caractère sacré. Le tableau fut accroché à l'Académie royale à côté du *Christ dans la maison de ses parents* avec lequel il a des ressemblances évidentes.

William Holman Hunt
Claudio et Isabella

Signé et daté de 1850
Huile sur panneau 76 × 43 cm
Tate Gallery, Londres

Une illustration de la pièce de Shakespeare
Mesure pour mesure, acte III, scène I.
Isabella est allée voir son frère Claudio en
prison. Claudio tente de convaincre sa sœur
de sacrifier son honneur pour lui sauver la
vie. Le choix de cette scène est typique de la
préoccupation de Hunt pour le péché et la
culpabilité et de son attitude profondément
moraliste à l'égard de l'art. La prison est
celle de Lollard, à Lambeth Palace. Bien qu'il
s'agisse d'une des premières œuvres
préraphaélites de Hunt, datée de 1850, elle
ne fut complétée et exposée à l'Académie
royale qu'en 1853.

lant en chemise de nuit... » et le personnage de sa mère de « *femme tellement hideuse dans sa laideur qu'elle se détache du reste de la compagnie comme un monstre, qu'on verrait dans le plus vil cabaret de France, ou le plus bas débit de gin d'Angleterre* ». On ne traita pas mieux les autres préraphaélites. Deux tableaux : *Une famille britannique convertie soustrayant un prêtre chrétien à la persécution des druides* (p. 18) de Hunt et *Réponse à la lettre de l'émigré* de Collinson furent attaqués violemment. « *Précipitation, singularité, gaucherie sont les jetons avec lesquels ils jouent pour atteindre la célébrité* », dit l'*Athenaeum*. En regardant ces peintures maintenant, il est difficile de comprendre pourquoi les critiques étaient pris d'une telle rage. C'est en partie parce qu'ils étaient offensés par les prétentions impertinentes que manifestèrent les préraphaélites en créant leur société secrète. Ils soupçonnaient aussi la confrérie de tendances catholiques romaines ; crainte justifiable car plusieurs toiles étaient de caractère religieux, mais crainte infondée.

Les attaques haineuses contre la confrérie provoquèrent des contrecoups désagréables : ni Rossetti, ni Millais, ni Hunt ne vendirent un seul tableau. Rossetti fit le vœu de ne plus jamais exposer en public. On s'échangea des reproches, Millais accusant Rossetti d'éventer le secret du PRB. Les parents de Millais blâmèrent Rossetti pour avoir provoqué la disgrâce de leur brillant fils. Hunt fut pris dans des ennuis financiers et ne put continuer à peindre que grâce à l'amabilité de deux académiciens dont les sympathies allaient à la confrérie, William Dyce et Augustus Leopold Egg. Ce fut Egg qui commanda à Hunt *Claudio et Isabella* (p. 19). Collinson réagit en démissionnant de la confrérie. On l'y avait invité uniquement parce qu'il était fiancé à Christina Rossetti, sœur du peintre, fiançailles rompues par la suite. Il est difficile de trouver une trace de l'influence préraphaélite dans les tableaux de Hunt, qui sont principale-

James Collinson (1825-1881)
La Renonciation de la reine Elisabeth de Hongrie

Vers 1848-50
Toile au haut arqué 120 × 182 cm
Johannesburg Art Gallery

La reine Elisabeth de Hongrie était devenue la femme du roi Louis IV de Thuringe en 1221. A la mort de son époux, durant une croisade, elle fut accusée de dilapidation des ressources nationales dans des dons de charité et destituée de son titre de régente. Elle dut renoncer au trône et se retira au couvent de Kitzingen, où elle est morte. Elle fut canonisée plus tard, et Charles Kingsley a relaté son histoire dans *La Tragédie de la sainte* (*The Saint's Tragedy*, 1848). Collinson s'en inspira très probablement. Bien que l'histoire se situe au XIIIe siècle, Collinson a placé cette scène dans une église du XIXe siècle, de style Renaissance gothique, et au parquet enduit d'encaustique.

William Holman Hunt
Valentin délivrant Sylvia des mains de Protée

Signé et daté de 1851, Kent
Toile 98 × 133 cm
Birmingham City Museum and Art Gallery

Une illustration de la pièce de Shakespeare *Deux Hommes bien nés de Vérone*, acte V, scène IV. Comme pour *Claudio et Isabella*, Hunt a choisi un moment très équivoque, lorsque Valentin découvre, à la fin de la pièce, Protée essayant de séduire Sylvia que lui, Valentin, aime. Et Valentin prononce ces mots : « *Scélérat, arrête ce geste grossier et malhonnête, toi le faux ami !* » Hunt peignit les arbres à Knole, dans le Kent, et il prit pour modèles plusieurs de ses amis, dont Elizabeth Siddal en Sylvia. Le tableau, mal accroché à l'exposition de l'Académie royale en 1851, fut violemment critiqué, comme le furent d'ailleurs tous les autres tableaux de Millais, et aussi celui de Charles Allston Collins, intitulé *Méditations monastiques*, ainsi que celui de Ford Madox Brown intitulé *Chaucer*.

ment d'agréables récits et des scènes de chaumière, avec la seule exception de *La Renonciation de la reine Elisabeth de Hongrie* (p. 20). La contribution de Hunt aux réunions préraphaélites semble avoir été de s'y endormir. Mélancolique et religieux, il s'était converti au catholicisme romain et finit par se retirer dans un monastère.

Malgré les critiques acerbes et personnelles, Millais et Hunt refusèrent de se laisser détourner de la voie qu'ils avaient choisie. Rossetti suivit son propre chemin et son art devait avoir un très grand poids dans l'étape suivante du mouvement. Le *leadership* de la confrérie passa à Hunt et surtout à Millais, le plus brillant et le plus accompli des préraphaélites, également l'auteur des plus célèbres chefs-d'œuvre du groupe. Rossetti, Hunt et Millais avaient à l'époque des styles très différents dans leurs peintures, contrairement à leurs dessins qui montrent une remarquable unanimité de style. Exécutés au crayon et à l'encre, ces dessins ont une intensité aiguë, angulaire, qui résume bien cette première phase, la phase « gothique », du mouvement.

Cependant, le mouvement ne manquait pas d'appuis, même dans cette période – la plus noire de son histoire. Deverell et Collins avaient embrassé la cause, et Arthur Hughes, converti par la lecture de *The Germ*, devint lui aussi un adepte important. Les préraphaélites trouvèrent également un véritable protecteur en la personne de Thomas Combe, directeur de la Oxford University Press. Millais et Collins habitèrent en 1850 chez Combe, à Oxford, où ils exécutèrent plusieurs peintures. Combe acheta pour 160 livres sterling *Les Druides* de Hunt. Mécène modèle de la classe moyenne victorienne, à l'esprit indépendant, Combe achètera la plus grande partie des œuvres préraphaélites.

A l'exposition de l'Académie royale de 1851, les préraphaélites revinrent en force. C'est Millais qui était représenté de la manière la plus impressionnante, avec trois œuvres hors du commun : *Mariana* (p. 31), *La Fille du bûcheron* (p. 32) et *Le Retour de la colombe à l'Arche*. Hunt contribua avec *Valentin délivrant Sylvia* (ci-dessus), Madox Brown envoya l'énorme *Chaucer* (p. 47) et Collins *Méditations monastiques* (p. 23). Une fois de plus, la presse passa à l'attaque. Le ton injurieux, moqueur et sarcastique des comptes rendus peut paraître presque incroyable au lecteur moderne, mais il indique bien à quel degré pouvait monter la critique au vitriol du XIXᵉ siècle. Le *Times* donnait ainsi le ton : « *Nous ne pouvons maintenant censurer autant que nous le voudrions cet étrange désordre de l'esprit et des yeux, qui continue à faire rage avec une constante absurdité parmi cette classe d'artistes juvéniles qui se nomment PRB.* » Cette fois, Hunt et Millais avaient employé la technique préraphaélite pour peindre *Valentin délivrant Sylvia* et *La Fille du bûcheron*, technique qui consiste à utiliser sur tout le tableau des couleurs pures sur fond blanc et humide. Là aussi, les critiques ne manquèrent pas de fustiger les peintres, condamnant leur « *absolu dédain de la perspective et des lois connues de la lumière et de l'ombre, ainsi que leur aversion pour la beauté sous toutes ses formes et leur étrange dévotion aux plus minimes accidents de leurs sujets* ».

Mais l'aide arriva enfin. Grâce à l'influence du poète Coventry Patmore, John Ruskin accepta d'aller au secours de la confrérie assiégée. Ruskin n'avait que 32 ans, mais il était déjà le critique d'art numéro un d'Angleterre et son intervention devait être d'une importance cruciale pour renverser la vapeur en faveur des préraphaélites. Ruskin écrivit deux lettres au *Times*, lettres qui allaient devenir célèbres et qu'il publiera plus tard dans un pamphlet et développera dans des conférences. Dès le début, il tint à dire très clairement qu'il n'avait « *aucun lien avec aucun de ces artistes et ne ressentait à leur égard qu'une sympathie incomplète* ». Il se méfiait aussi de leurs « *tendances catholiques romaines et tractariennes* ». Il protestait cependant contre les critiques qui manquent d'apprécier « *la finition du dessin et la splendeur du coloris* » de ces « *tableaux admirables bien qu'étranges* ». Il fit aussi l'éloge du soin porté au détail naturel, prenant pour exemple les nénuphars dans *Méditations monastiques* de Collins. Et, plus particulièrement dans sa seconde lettre, Ruskin exprimait l'espoir que les préraphaélites pourraient, « *en acquérant de l'expérience, établir dans notre pays les fondements d'une école de l'art plus noble que ce que le monde a vu durant les trois siècles précédents* ». Venant de la part du plus influent critique d'Angleterre, ces paroles étaient exactement ce dont la confrérie avait besoin, et les lettres de Ruskin marquèrent un tournant dans leur sort. On écrivit, de la maison de Millais à Gower Street, une lettre de remerciements à Ruskin et celui-ci, accompagné de sa ravissante femme Euphemia (connue sous le nom de Effie), rendit visite le même jour à Millais. Et ce fut pour Ruskin et Millais le début d'une amitié qui allait être un temps fructueuse mais devait se terminer tragiquement.

Au début, Ruskin était enchanté par son nouveau protégé. Il vit en Millais le successeur de Turner, son idole de jeunesse, et on doit à Ruskin d'avoir reconnu et encouragé le génie de Millais. Et celui-ci, tout en n'étant pas un élève facile, continuait à peindre dans le style préraphaélite, avec l'appui de son maître. Mais malgré tout ce que fit Ruskin pour tenter de le garder sous son aile, Millais demeura obstinément indépendant. Il refusa de se plier au culte que vouait Ruskin à Turner ; il refusa aussi de l'accompagner en Suisse. Il resta dans le Surrey avec Hunt et Collins, travaillant sur ses tableaux destinés à l'exposition de l'Académie royale de 1852. Les préraphaélites y furent de nouveau bien représentés, Millais par *Ophélie* (p. 33) et Hunt par *Le Mauvais Berger* (p. 41). Ford Madox Brown envoya deux œuvres importantes : *Les Jolis Petits Agneaux* (p. 50) et *Le Christ lavant les pieds de Pierre* (p. 48). Cette fois, les critiques furent plus polis. La vague était maintenant favorable aux préraphaélites. Durant l'automne 1851, le tableau *Valentin délivrant Sylvia* remporta le premier prix à l'exposition annuelle de Liverpool. C'était la première fois qu'un tableau préraphaélite était

Charles Allston Collins (1828-1873)
Méditations monastiques

Signé et daté de 1851
Toile, au haut cintré 84 × 59 cm
Ashmolean Museum, Oxford

Charles Allston Collins, frère du romancier Wilkie Collins, était un ami intime de Millais pendant la première période préraphaélite, mais il allait abandonner la peinture un peu plus tard. *Méditations monastiques*, son œuvre la plus célèbre, fut exposée en 1851 à l'Académie royale où elle partagea la condamnation générale que les critiques réservèrent à tout ce qui était préraphaélite. Par son style gothique, le tableau de Collins est très représentatif de la première phase du mouvement. La piété religieuse de ces œuvres mena de nombreux critiques à accuser les peintres de sympathie avec les catholiques romains. Le ton de ce tableau ressemble à celui des premières peintures de Rossetti, mais on retrouve l'influence de Millais dans les fleurs et le jardin.

Sir John Everett Millais, portrait de Charles Allston Collins, 1850.

récompensé. Liverpool devait d'ailleurs procurer aux préraphaélites de nombreux protecteurs, et des plus importants, de même que toute une suite de disciples et d'adeptes.

Mais paradoxalement, ce succès mondain coïncida avec la désintégration graduelle de la confrérie. Collinson avait démissionné en 1850. On n'avait élu personne à sa place. Deverell et Arthur Hughes avaient bien été sollicités, mais ils refusèrent, et tout échoua dans l'indifférence générale. En mai 1851, William Michael Rossetti cessa d'écrire son journal sur la confrérie. Les réunions devinrent de plus en plus rares. En 1852, Woolner partit pour l'Australie. Et Rossetti, pendant ce temps, allait son propre chemin, produisant sa marque individuelle de préraphaélisme. Toutes les tentatives pour l'intéresser à peindre des paysages ou des sujets religieux ou modernes échouèrent. Il se tourna vers la littérature, Shakespeare et surtout son Dante adoré. Vers l'année 1851, il commença à exécuter des aquarelles, de petites dimensions mais d'une grande intensité, sur des thèmes médiévaux et littéraires qui allaient être sa plus grande contribution au mouvement préraphaélite. Beaucoup considèrent encore aujourd'hui que ces œuvres sont les plus belles de Rossetti. Et c'est également en 1851 que commença son histoire d'amour tragique avec Elizabeth Siddal, qui était déjà à l'époque l'héroïne de plusieurs peintures préraphaélites. Cette histoire devait se terminer par leur mariage et le suicide d'Elizabeth, ce qui aura des conséquences importantes pour la carrière de Rossetti.

D'autre part, durant l'été 1853, Ruskin invita Millais à se joindre à lui et à sa femme dans un voyage à Glenfinlas, en Écosse. Il devait résulter de ces vacances – par ailleurs malheureuses – le célèbre portrait de Ruskin par Millais (p. 35), mais aussi et surtout la dissolution du mariage de Ruskin, un scandaleux divorce et enfin le mariage d'Effie et de Millais, après deux années exceptionnellement déchirantes pour tous les trois. Vers la fin de 1853, Millais fut élu membre associé à l'Académie royale et, en janvier 1854, Hunt annonça son projet de visiter le Moyen-Orient. Ces deux événements marquèrent la fin effective de la confrérie et Rossetti résumait le sentiment de tous quand il écrivait : « *Ainsi, la Table Ronde est maintenant complètement dissoute.* » La confrérie préraphaélite avait touché à sa fin. Mais le préraphaélisme venait de naître.

Dante Gabriel Rossetti (1828-1882)

Quand on parle du mouvement préraphaélite, c'est Rossetti qu'il faut citer en premier. Cet artiste personnifiait la force intellectuelle soutenant la confrérie et il était de loin le plus intelligent de ses membres. Bien qu'il n'eût pas l'éclat technique de Millais, ou la détermination patiente de Hunt, il comblait ces lacunes par la force de sa personnalité, par son imagination et sa capacité créatrice ainsi que par l'étendue de ses connaissances littéraires. Ses contemporains ont été fascinés par le caractère non conventionnel et la vie tragique de Rossetti qui continuent encore maintenant à retenir l'attention des écrivains et des historiens. Il existe plus de livres sur Rossetti que sur n'importe quel autre artiste préraphaélite. Certains écrivains l'ont même considéré comme le plus grand poète-peintre que l'Angleterre ait produit.

Rossetti était né à Londres de parents italiens. Son père, Gabriel Rossetti, était un exilé politique, qui enseignait l'italien au King's College. Tous les enfants – Maria, Dante Gabriel, William Michael et Christina – avaient des talents artistiques ou littéraires. Dante Gabriel quitta l'école à 13 ans et entra à l'académie de Sass, une école d'art qui préparait les étudiants aux cours de l'Académie. Après y avoir passé quatre ans, il entra à l'Académie royale en 1845 comme étudiant stagiaire. Dès le début, Rossetti fut partagé entre la peinture et la littérature. Il était paresseux, inconstant et impétueux, et trouva l'enseignement de l'Académie terne et fastidieux. Il avait très peu de facilités comme dessinateur. Cependant, sa connaissance de la littérature anglaise et européenne était prodigieuse et il aimait particulièrement la poésie de son homonyme Dante. Il fut aussi l'un des premiers admirateurs du poète William Blake dont il réussit à acheter l'un des cahiers de croquis pour dix shillings empruntés à son frère. En 1847, Rossetti écrivit des lettres d'admiration aux deux poètes Leigh Hunt et William Bell Scott, leur demandant s'il devait se faire peintre ou poète. Heureusement pour la postérité, il décida de devenir et peintre et poète.

Fatigué des méthodes d'enseignement de l'Académie, Rossetti cessa d'y aller et écrivit à Ford Madox Brown pour lui demander s'il pouvait le prendre parmi ses disciples. La lettre était pleine d'éloges extravagants et Madox Brown, méfiant, soupçonna une mauvaise

A l'extrême-gauche : **Dante Gabriel Rossetti,** autoportrait, 1847.
A gauche : *Elisabeth Siddal tressant ses cheveux,* non daté.

Dante Gabriel Rossetti
Le Premier Anniversaire de la mort de Béatrice (Dante dessinant un ange)

Signé et daté de 1853
Aquarelle 42 × 61 cm
Ashmolean Museum, Oxford

Dante était le poète préféré de Rossetti et en 1848 il termina sa traduction de *Vita Nuova*. Ceci lui donna plusieurs idées de peinture, comme celle du *Songe de Dante*, et qui allaient le préoccuper jusqu'à la fin de sa vie. *Vita Nuova* l'inspira aussi pour *Dante dessinant un ange à l'anniversaire de la mort de Béatrice*, tableau pour lequel il avait déjà fait un dessin au crayon et à l'encre en 1848. Dans cette aquarelle beaucoup plus perfectionnée, il a inversé la composition, plaçant Dante à droite et non plus à gauche. Le tableau représente Dante écrivant son autobiographie. Il est tellement préoccupé par la pensée de Béatrice tout en dessinant un ange qu'il ne se rend pas compte de l'arrivée de quelques amis qui restent debout à le regarder.

plaisanterie. Il partit à l'assaut de la maison de Rossetti, sa canne à la main, et fut étonné de voir que la lettre était tout à fait authentique. Flatté, il accepta de prendre Rossetti comme élève. Ce fut le début d'une amitié qui devait se poursuivre jusqu'à la mort de Rossetti. Mais les relations de maître à élève furent de courte durée. Brown faisait peindre à Rossetti des natures mortes – brocs, cruches, bouteilles – et Rossetti perdit vite patience. Il aspirait ardemment à s'attaquer à des sujets plus ambitieux. Un peu plus tard, cette même année 1848, il visita l'exposition d'été de l'Académie royale où il vit et admira beaucoup un tableau d'un de ses condisciples à l'Académie, Holman Hunt. C'était *La Veille de la Sainte-Agnès*. Il félicita Hunt personnellement et devint son ami. Ce devait être une amitié historique. De leurs discussions naquit la confrérie préraphaélite.

Rossetti décida de quitter Madox Brown et de s'installer dans l'atelier de Hunt. Puis, avec les 70 livres sterling que Hunt avait reçues pour *La Veille de la Sainte-Agnès*, ils déménagèrent dans un autre atelier à Cleveland Street. Frederick George Stephens a rappelé plus tard que « *rien ne pouvait être plus déprimant que cette grande chambre lugubre où Rossetti exécuta deux peintures mémorables, et d'où la postérité doit forcément dater le commencement du préraphaélisme...* » Ces deux tableaux étaient *L'Adolescence de la Vierge Marie* (p. 8) et *Ecce Ancilla Domini* (p. 16). Et c'est par ces tableaux que Rossetti contribua à la phase inaugurale du mouvement. Hunt donna à son ami beaucoup d'aide et de conseils techniques pour l'exécution de ces deux tableaux, car Rossetti n'avait pas encore assez de compétence technique dans la peinture à l'huile. Mais ce fut la personnalité de Rossetti, plus que toute autre chose, qui donna le jour à la confrérie. Millais devait se quereller plus tard avec Rossetti, trouvant qu'il était impossible de s'entendre avec lui.

Mais dans les premiers temps, Rossetti magnétisait tous ses collègues. Il était spirituel, enjoué, brûlant d'idées et d'enthousiasme. Dans les premiers portraits qu'on a de lui, on voit un jeune homme à la beauté saisissante, au sombre regard italien, aux longs cheveux et aux manières poétiques d'un rêveur. Son caractère était un étrange mélange reflétant ses origines anglo-italiennes. Son côté latin était triste, instable et agité, mais il avait aussi un côté d'humour réaliste terre à terre, charmant par ses plaisanteries crues, ses sorties absurdes et ses jeux de mains. Aux premiers temps des préraphaélites, l'atmosphère était faite de jeux puérils et tout le monde s'en donnait à cœur joie. Rossetti, tout en étant à moitié italien, ne visita jamais l'Italie, et il partagea avec Hunt et Millais une fierté d'Anglais à tous points de vue. Et plus que tout le monde, il se plaisait dans les dessous de la bohème londonienne. Ce n'était pas un homme religieux et il ne souffrait pas des inhibitions morales qui tourmentèrent tant la plupart de ses contemporains. Rossetti était le moins victorien de tous les victoriens.

Ayant achevé ses deux premiers tableaux, Rossetti partit en vacances avec Hunt. Après avoir visité la Belgique, ils firent un séjour à Paris. Ils admirèrent tous deux beaucoup les primitifs flamands, en particulier Van Eyck et Memling, et cela devait avoir quelque influence dans la formation du style de Rossetti. A leur retour, Rossetti et Hunt tentèrent de peindre des paysages près de Sevenoaks, dans le Kent. Le temps était épouvantable et Rossetti abandonna bien vite. La peinture de paysage n'était tout simplement pas son *métier*. Il lut le Nouveau Testament, y cherchant l'inspiration pour des sujets plus religieux, mais n'en trouva aucun qui puisse l'intéresser. Il commença un sujet de la vie contemporaine qu'il intitula *Découverte*, mais ce ne fut pas facile non plus. Il s'y appliqua de toutes ses forces pendant trente ans, mais le tableau n'était toujours pas achevé à sa mort. Réalisant donc qu'il ne pouvait rivaliser avec ses collègues de la confrérie sur leur propre terrain, Rossetti commença à explorer de nouveaux sujets qui lui soient propres. Travaillant surtout en aquarelle, sur une petite échelle, il se mit à peindre des sujets littéraires et historiques, généralement tirés de l'époque médiévale. Parmi les nombreux sujets qu'il choisit dans la poésie de Dante, il commença par *Le Premier Anniversaire de la mort de Béatrice* (p. 25). Il peignit aussi des

Dante Gabriel Rossetti
Paolo et Francesca da Rimini

1855, aquarelle 25 × 44 cm
Tate Gallery, Londres

Une illustration de l'*Enfer* de Dante, chant V. On voit sur le panneau de gauche Paolo et Francesca qui s'embrassent ; Dante et Virgile, au centre, regardent les amants avec compassion, tandis que, sur le troisième panneau, Paolo et Francesca flottent pour l'éternité dans les flammes de l'enfer, dans les bras l'un de l'autre. Cette aquarelle est l'une des nombreuses œuvres que commanda Ruskin, qui était à l'époque l'ami et admirateur de Rossetti. Celui-ci a dû trouver dans la tragique histoire de Paolo et Francesca le reflet de sa propre histoire d'amour avec Elizabeth Siddal.

Le Mariage de saint George et de la princesse Sabra

Signé d'un monogramme et daté de 1857
Aquarelle 34 × 34 cm
Tate Gallery, Londres

La romance et la littérature du Moyen Age inspirèrent de nombreux tableaux parmi les plus admirables de Rossetti, en particulier les aquarelles peintes entre 1855 et 1860, considérées par beaucoup comme ses plus grandes œuvres. Ici, la princesse Sabra coupe une mèche de ses cheveux pour l'offrir à saint Georges. James Smetham a décrit dans une lettre cette aquarelle comme « *une des plus grandes choses, semblable à un vague rêve doré. Amour "crédule tout en or", armure recouverte d'or, l'air d'une enceinte secrète dans "des chambres de palais très à l'écart..."* ». Rossetti a peint ce tableau pour William Morris.

scènes tirées des œuvres de Shakespeare, Keats et Browning, trois de ses poètes favoris. Ces extraordinaires aquarelles sont les plus remarquables produits du mouvement préraphaélite. De petite taille, hautes en couleurs et à deux dimensions, elles ont l'éclat des pierres précieuses et projettent une vision intensément romantique du Moyen Age. Ce qui pourrait leur manquer en finition technique, elles le compensent en intensité de couleurs et de sentiments. Pour beaucoup, ces tableaux reflètent l'essence même du mouvement préra-

phaélite. En tout cas, ce sont certainement les aquarelles de Rossetti qui ont tant inspiré Morris et Burne-Jones, influençant ainsi entièrement l'orientation qu'allait prendre le mouvement dans sa deuxième phase. En raison de ses conceptions artistiques, Rossetti allait donc, en 1853, dans un sens différent de celui de ses collègues. Mais il y avait à cela une autre raison : son aventure amoureuse avec Elizabeth Siddal. Celle-ci était la toute première des « filles du tonnerre » (stunners), mot qu'utilisaient les préraphaélites pour quali-

fier les jolies filles. Deverell l'avait découverte dans l'atelier d'une modiste sur le Strand, et l'avait persuadée de poser pour lui en Viola dans *La Douzième Nuit* (p. 15). Elizabeth devint vite le modèle favori de la confrérie, posant pour Hunt dans *Valentin délivrant Sylvia* (p. 21) et aussi pour Millais dans *Ophélie* (p. 33). C'était une jeune fille silencieuse, timide, née dans une famille de la basse classe moyenne ; son teint était blanc pâle, elle avait de beaux cheveux roux et une expression sentimentale. Les préraphaélites devaient l'immortaliser ; elle est en effet l'image parfaite de la femme préraphaélite. Pendant l'année 1851, Rossetti tomba de plus en plus sous son charme et, en 1852, ils s'installèrent dans une maison à Chatham Place, près de la Tamise, à Blackfriars Bridge. Rossetti aimait de plus en plus Lizzie,

qu'il appelait « Guggums », d'un amour possessif. Seuls quelques artistes, amis proches, étaient autorisés à la prendre pour modèle, mais Rossetti, lui, la dessinait tout le temps. Il réalisa à ce moment plusieurs de ses meilleurs dessins, lesquels reflètent l'intensité du monde fermé dans lequel ils vivaient tous deux. Ford Madox Brown, l'un des rares visiteurs de Chatham Place, écrivit en 1855 : « *Rossetti me montra un tiroir plein de "Guggums" ; Dieu sait combien... c'est comme une idée fixe chez lui. Plusieurs sont incomparables dans leur beauté... et vaudront un jour beaucoup d'argent.* » Prophétie qui se réalisa, car ces dessins sont maintenant parmi les œuvres les plus admirées de Rossetti. Ruskin, qui devint un ami intime de Rossetti dans les années 1850, tomba lui aussi sous le charme de Lizzie. Il écrivit

Dante Gabriel Rossetti

Dantis Amor

1859
Huile sur panneau 75 × 81 cm
Tate Gallery, Londres

A l'origine destiné à la décoration d'un cabinet, à Red House, la maison des jeunes mariés William et Jane Morris. Ce tableau formait le panneau central d'un triptyque, illustrant la *Vita Nuova* de Dante et *La Divine Comédie*. Ce panneau représente un ange personnifiant l'amour, tenant un arc, une flèche et un cadran solaire. L'arrière-plan représente le ciel : à gauche, la tête du Christ est entourée des rayons dorés du soleil ; à droite, la tête de Béatrice est encerclée par la lune, sur un fond d'étoiles d'or.

Comment Sir Galahad, Sir Bors et Sir Perceval sont nourris du saint Graal ; mais la sœur de Sir Perceval meurt à cette occasion

Signé d'un monogramme et daté de 1864
Aquarelle 29 × 42 cm
Tate Gallery, Londres

L'une des plus admirables aquarelles médiévales de Rossetti. La conception s'inspire de l'un des murals, intitulé *L'Acquisition du saint Graal*, que Rossetti exécuta pour la bibliothèque de la Oxford Union en 1857.

qu'elle était « *belle comme le reflet d'une montagne dorée sur un lac de cristal* ». Il l'encouragea à dessiner et à écrire des vers, et elle produisit quelques dessins tout à fait honorables et des aquarelles de sujets médiévaux de la même veine que Rossetti.

En 1856, eurent lieu les premières rencontres entre Rossetti et deux jeunes étudiants d'Oxford qui allaient devenir ses disciples, Morris et Burne-Jones. Cela marqua le début de la deuxième phase du mouvement préraphaélite, phase qui, en un sens, est plus importante que la formation même de la confrérie. En tout cas, les conséquences de cette collaboration allaient être d'une aussi grande portée. Le premier résultat tangible fut l'exécution de peintures murales pour la nouvelle bibliothèque conçue par Benjamin Woodward pour l'Oxford Union Debating Society (association organisant des réunions contradictoires). Ces peintures murales, aujourd'hui presque invisibles même si elles ont été restaurées à une époque, occupent une place importante dans l'histoire préraphaélite, au même titre que le magazine *The Germ*. Le thème des peintures murales, choisi par Rossetti, était *Mort d'Arthur* de Malory, qui avait remplacé alors Dante comme auteur préféré du groupe. Et par pure coïncidence, les artistes travaillant aux murals étaient au nombre de sept, comme dans la confrérie. Il y avait là Dante Gabriel Rossetti, Edward Burne-Jones, William Morris, John Hungerford Pollen, Arthur Hughes et deux étudiants plus jeunes, Valentin Cameron Prinsep et John Roddam Spencer-Stanhope. Cet épisode était entièrement rempli de plaisanteries et de jeux et tout le monde passa à cette occasion des moments de grande gaieté. On choisit différentes scènes de *Mort d'Arthur* et on remplit les espaces intermédiaires par des représentations de feuilles et de fleurs ainsi que de wombatas, à ce moment l'animal préféré de Rossetti. Même si on ne peut plus voir ces murals comme ils étaient à l'origine, on

peut néanmoins s'en faire une idée car Rossetti a exécuté un certain nombre de superbes aquarelles sur des thèmes arthuriens, dont certaines ont leur origine dans l'épisode d'Oxford.

Après avoir complété les murals, ils rentrèrent tous à Londres, Morris et Burne-Jones logeant dans l'ancienne maison de Rossetti à Red Lion Square. Cette vie d'heureux célibataires prit fin en 1860, lorsqu'ils se marièrent tous les trois, Morris avec Jane Burden, Burne-Jones avec Georgiana Macdonald, et enfin Rossetti avec Elizabeth Siddal. Les relations s'étaient détériorées entre Rossetti et Lizzie, et la santé de plus en plus fragile de celle-ci n'arrangeait pas les choses. Rossetti l'avait épousée par loyauté, mais leur mariage ne fut pas heureux : les problèmes s'aggravèrent. En 1862, un jour où Rossetti était hors de chez lui, dînant avec Algernon Swinburne, Lizzie prit une surdose de laudanum, dont elle mourut. Rossetti fut accablé de remords, persuadé qu'il avait été la cause de sa mort. Il plaça dans le cercueil de Lizzie les manuscrits de tous ses premiers poèmes, mais son ami Charles Howell, de mauvaise réputation, le persuada plus tard de les déterrer. Pour Rossetti, ce fut un moment traumatisant dans sa carrière. Chatham Place était devenu un endroit hanté par les souvenirs ; il ne put y rester et alla habiter à Cheyne Walk, dans le Chelsea. Il devait y demeurer jusqu'à sa mort. Pendant les dernières années de sa vie, il fut toujours obsédé par le souvenir de Lizzie. C'est de cette époque que date *Beata Beatrix* (*Heureuse Béatrice*) (p. 97) qu'il a peint comme un mémorial. Ce tableau remarquable et émouvant marque un nouveau départ dans la vie et l'art de Rossetti, liés plus proprement à la deuxième phase du mouvement.

John Everett Millais (1829-1896)

Millais était l'artiste le plus doué et, au niveau technique, le plus brillant de la confrérie. En dehors des années 1850-51, lorsque les critiques s'attaquaient furieusement à tous les tableaux préraphaélites, la vie de Millais fut une longue série de succès, débutant par la médaille d'argent que lui décerna la Société royale des arts quand il n'avait que neuf ans et finissant par la présidence de l'Académie royale pendant la dernière année de sa vie. Dernier-né d'une vieille famille du Jersey, il entra aux écoles de l'Académie royale (Royal Academy Schools) en 1840, à l'âge de onze ans. Il maîtrisa avec une facilité étonnante tous les styles académiques en vogue durant la décennie. Son tableau *Cymon et Iphigénie* (1848) est un brillant essai précoce dans la manière de William Etty. Ce fut la confrérie préraphaélite qui donna à ses prodigieux talents l'orientation dont il avait tant besoin et, entre 1850 et 1860, il devait peindre quelques-uns des plus brillants chefs-d'œuvre du mouvement préraphaélite.

Au début, ce fut Holman Hunt qui exerça la plus forte influence sur Millais. Il y a d'évidentes similitudes entre *Le Christ dans la maison de ses parents* de Millais (p. 17) et *Les Druides* de Hunt (p. 18) par exemple. Ils partageaient aussi le même enthousiasme

Sir John Everett Millais
Mariana

Signé et daté de 1851
Panneau 60 × 50 cm
The Makins Collection

Exposé à l'Académie royale en 1851, en même temps que *La Fille du bûcheron* et *Le Retour de la colombe à l'Arche*. Millais n'a pas donné de nom à ce tableau mais il l'a exposé avec ces quelques lignes tirées du poème *Mariana* de Tennyson :

> Elle dit seulement : « Ma vie est triste »
> Il n'est pas venu, dit-elle.
> Elle dit : « Je suis...
> J'aurais voulu être morte. »

> *She only said, "My Life is dreary –*
> *He cometh not' she said ;*
> *She said "I am aweary, aweary –*
> *I would that I were dead."*

Le vitrail est extrait des fenêtres de la chapelle de Merton College, à Oxford, et le jardin est inspiré de celui de Thomas Combe, également à Oxford.

Ci-dessus : **William Holman Hunt**, portrait de Millais, 1853.
A gauche : **Sir John Everett Millais**, *L'Exhumation de la reine Mathilde*, 1849.

Sir John Everett Millais

La Fille du bûcheron

Signé et daté de 1851

Toile 84 × 65 cm

Guildhall Art Gallery, Londres

Ce tableau porte le titre d'un poème de Coventry
Patmore. Lorsqu'il fut exposé en 1851 à l'Académie
royale, il était accompagné d'un extrait du même
poème. Celui-ci raconte l'histoire du fils d'un riche
châtelain observant un bûcheron et sa fille au travail,
et qui se lie d'amitié avec celle-ci en lui offrant des
fruits. Patmore était l'ami et le soutien des PRB et c'est
grâce à son influence que Ruskin vint à la défense de la
confrérie en 1851. Millais a peint le paysage en arrière-
plan dans les bois du domaine de Lord Abingdon à
Botley Park, près d'Oxford. On emprunta les bottes de
la fillette d'une paysanne du domaine, et Millais écrivit
à Mrs Combe : « *Si vous rencontrez une enfant de la
campagne portant un léger tablier lilas, mettez la main
sur elle et envoyez-la moi avec les bottes.* » On acheta les
fraises spécialement pour l'occasion au marché de
Covent Garde nau mois de mars.

Sir John Everett Millais

Ophélie

Signé et daté de 1852

Toile 76 × 102 cm

Tate Gallery, Londres

L'un des plus grands chefs-d'œuvre des PRB, unissant
un sujet shakespearien à une observation de la nature à
l'intensité ruskinienne. Millais a peint l'arrière-plan
durant l'été 1851 sur la rivière Ewell, dans le Surrey.
L'hiver suivant, Elizabeth Siddal posa en Ophélie,
étendue toute habillée dans une espèce de baignoire,
gardée au chaud par des lampes allumées placées en
dessous. Millais avait acheté tout exprès le vêtement
antique que porte Elizabeth. Il lui fallut près de quatre
mois pour terminer la peinture du personnage. Selon
William Michael Rossetti, ce tableau est celui dans
lequel la ressemblance du personnage avec Elizabeth
Siddal est la plus forte parmi tous les tableaux où elle a
posé. L'idée de peindre la folle Ophélie au moment où
elle se noie était très originale à l'époque ; elle sera
reprise par beaucoup d'autres artistes préraphaélites.

pour les sujets shakespeariens. Les premiers dessins de Millais reflètent aussi l'influence de Rossetti, avec leur angularité aiguë et gothique, et leurs sujets macabres. *L'Exhumation de la reine Mathilde* en est un exemple typique. Mais très vite Millais assimila ces influences, et dès lors il se forgea un style individuel propre. Avec *Mariana* (p. 31) et *Ophélie* (p. 33), il a réussi à allier l'esprit romantique et proche du Moyen Age de Rossetti avec l'observation méticuleuse de Hunt. Grâce à sa faculté d'adaptation supérieure, Millais put réaliser d'incroyables exploits d'observation de la nature, et peindre aussi plus vite. *La Fille du bûcheron* (p. 32) fut sa seule contribution à la peinture réaliste de la vie sociale, un thème qui avait la faveur du préraphaélisme. Ce n'était pas un aspect qui attirait beaucoup Millais. Il ne fit qu'un seul autre essai du même genre avec *Le Sauvetage* en 1855. Le plus grand talent de Millais résidait dans sa façon de mêler le sujet poétique au détail naturel, talent qui culmina dans ses deux chefs-d'œuvre datant de 1856 : *La Jeune Fille aveugle* (p. 36) et *Feuilles d'automne* (p. 38).

Un autre aspect non négligeable des activités de la confrérie, c'était le portrait. Autoportraits, croquis réciproques, portraits des amis et des protecteurs, on faisait de tout. Et toutes ces œuvres, par leur clarté, leur fidélité au modèle et leur technique, peuvent être comparées à celles d'un Holbein, d'un Dürer ou d'autres primitifs flamands et allemands. Parlant de Millais par exemple, son portrait le plus fameux est celui qu'il fit de *John Ruskin* (p. 35). On peut dire qu'aucun portrait n'a été peint dans des circonstances aussi extraordinaires. Ruskin n'avait pas réussi à convaincre Millais de l'accompagner en Suisse, mais en 1853 il le persuada de se joindre à lui et à sa femme dans leur voyage en Écosse. Ils demeurèrent à Glenfinlas, près de Brig o'Turk, dans le Trossachs. Millais commença à faire le portrait de Ruskin debout sur un rocher auprès d'un cours d'eau. Le cadre reflète la passion de Ruskin pour la géologie, la botanique et tous les phénomènes naturels. Il est clair qu'il essayait d'amener Millais à peindre dans un style plus « ruskinien ». Malheureusement, le voyage en Écosse eut un autre résultat, plus grave celui-là. Le mariage des Ruskin n'avait pas été heureux, et n'avait pas été consommé. On disait que Ruskin, habitué à la douceur plus lisse des sculptures classiques, fut choqué par la vue des poils du pubis de sa femme et ne put lui faire l'amour. Effie était une jeune fille séduisante et très spirituelle, pleine d'entrain et de gaieté ; elle tomba amoureuse de Millais et ce fut réciproque. Après un processus de divorce long et scandaleux, le mariage des Ruskin fut annulé. Millais et Effie se marièrent en 1855. La plupart des gens prirent le parti des jeunes amants et blâmèrent Ruskin, mais inévitablement l'opinion se divisa et la reine Victoria refusa de recevoir la femme de Millais jusqu'à ce que, sur son lit de mort, Millais le demande comme une faveur à la souveraine.

Sir John Everett Millais
Portrait de John Ruskin

Signé et daté de 1854
Toile 79 × 68 cm
Collection privée

En 1853, Ruskin, le grand défenseur des préraphaélites, commanda à Millais ce portrait devenu célèbre. Millais le commença durant l'été de la même année dans les Trossachs, où Millais, Ruskin et la femme de celui-ci, Effie, passaient ensemble des vacances qui se terminèrent mal. Ruskin tenait à ce que Millais représente les rochers et l'eau, et on choisit un coin de Brig o'Turk, sur les bords de la rivière à Glenfinlas. Ruskin écrivit à son père : « *Millais a choisi l'emplacement, un ravissant bout de rocher usé, avec de l'écume et de la mousse et sur les berges de noirs rochers escarpés dominant le tout... Je suis sûr que l'écume du torrent sera quelque chose de tout à fait nouveau dans l'art.* »

Ci-dessus : **Sir John Everett Millais**, étude d'Effie pour *Ornement naturel* (détail), 1853.
A gauche : *La Vallée de repos*, 1859.

Sir John Everett Millais
La Jeune Fille aveugle

Signé et daté de 1856
Toile 81 × 62 cm
Birmingham City Museum and Art Gallery

Une jeune mendiante aveugle et sa compagne se reposent sur le bord du chemin, attendant que l'averse passe. L'arrière-plan est une vue de Winchelsea à partir de l'est. Les deux fillettes, Matilda et Isabella, habitaient Perth, où Millais a fait de nombreux séjours chez les parents d'Effie. Sur le plan technique, c'est peut-être la plus brillante œuvre préraphaélite de Millais, surtout le paysage avec l'arc-en-ciel et les nuages menaçants. Rossetti a décrit cette peinture comme « *l'une des choses les plus émouvantes et les plus parfaites que je connaisse* », et Ruskin a fait l'éloge de l'éclat intense et lumineux du coloris, ajoutant : « *L'herbe fraîchement mouillé rayonne de part en part avec les premiers rayons du soleil ; à côté de la jeune fille l'herbe brille comme de l'émail byzantin incrusté de véronique bleue...* »

A droite : **Sir John Everett Millais**, *La Levée d'écrou*, 1853.
A l'extrême droite : *Le Brunswicker noir*, 1860.

Ruskin eut une attitude généreuse, même dans ces circonstances douloureuses. Un an après le mariage d'Effie et de Millais, il fit chaleureusement les éloges des tableaux de Millais à l'exposition de l'Académie royale. Cette année 1856 fut certainement bonne pour Millais qui exposa trois œuvres remarquables : *La Jeune Fille aveugle*, *Feuilles d'automne* et *Paix conclue*. Parmi toutes les peintures de Millais, les deux premières sont peut-être les plus belles. Elles allient le ton poétique au merveilleux détail naturel, tout en réduisant au minimum l'élément narratif. Ruskin compara *Feuilles d'automne* à l'œuvre de Giorgione, et on doit reconnaître qu'il s'y trouve assez de poésie et de mystère pour tenir valablement la comparaison. L'année suivante, l'œuvre principale de Millais fut *Un rêve du passé – Sir Isumbras au passage du gué* (p. 39). Mais, cette fois, Ruskin changea de ton. Il critiqua violemment le tableau. Il écrivit : « *Non seulement c'est une chute, mais c'est une catastrophe.* » Pour une fois, Ruskin était injuste. Bien que le tableau ait quelques faiblesses – le cheval est trop grand, la composition est gauche –, le ton et les couleurs sont ravissants et le tableau mérite d'être classé parmi les belles œuvres préraphaélites exécutées par Millais dans l'étape suivante. La technique est plus déliée que dans ses œuvres précédentes et montre que Millais commençait déjà à s'éloigner des idées préraphaélites trop rigides.

Le mariage de Millais a certainement contribué à ce changement. La famille s'agrandit très vite et il fallut produire plus de tableaux, et plus vite. La technique préraphaélite était trop laborieuse et Millais ne pouvait plus se permettre de passer une journée entière à peindre une superficie « *pas plus grande qu'une pièce de cinq shillings* », comme il l'écrivit un jour. Son dernier tableau vraiment préraphaélite fut *La Vallée de repos* (1859), qui représente des religieuses creusant une tombe dans le cimetière d'un couvent. Le ton dominant de cet admirable tableau est semblable à celui de *Feuilles d'automne*. Leur thème commun est la mélancolie, une préoccupation qui aspire au symbolisme et à l'Art nouveau. Déjà dans les peintures comme *La Levée d'écrou* et *Le Brunswicker noir*, Millais avait délibérément commencé à choisir des sujets plus populaires et attrayants. Il finira par abandonner complètement le style préraphaélite ; sa technique sera plus large, plus déliée, ressemblant à celle de Reynolds et de Gainsborough, deux peintres qu'il va admirer un jour et même imiter.

Le reste de la carrière de Millais appartient à l'histoire de l'art victorien, et non à l'histoire du préraphaélisme. Il fut le seul à abandonner tout à fait les principes de la confrérie, ce qui lui apporta davantage de succès et donc d'aisance financière que tous ses autres collègues. Ses tableaux historiques, ses portraits et ses peintures sentimentales d'enfants étaient très populaires et, au sommet de sa célébrité, il pouvait gagner

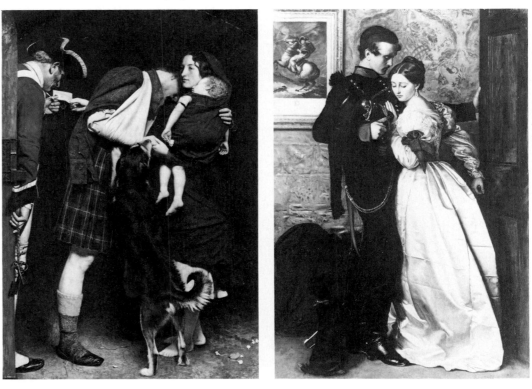

Sir John Everett Millais

Feuilles d'automne

    Signé et daté de 1856
    Toile 104 × 74 cm
    Manchester City Art Gallery

Tableau peint dans le jardin d'Annat Lodge, à Perth, où Millais vécut pour un temps après son mariage. Les modèles furent deux des sœurs d'Effie, appelées Sophie et Alice, ainsi que deux jeunes filles de la région, Matilda et Isabella ; ces deux dernières posèrent aussi pour *La Jeune Fille aveugle*. L'horizon est une vue des collines dominant Perth, regardant vers Ben Vorlich. De tous les tableaux préraphaélites de Millais, celui-ci a la beauté la plus hallucinante, et beaucoup de critiques le considèrent comme son chef-d'œuvre. Ruskin a écrit que « *ce tableau est de loin l'œuvre la plus poétique que l'artiste ait conçue jusqu'ici ; et aussi, pour moi jusqu'à présent, le crépuscule peint à la perfection* ». Holman Hunt rappela une observation que lui fit Millais vers l'an 1851, et qui dut être à l'origine de ce tableau : « *Existe-t-il une sensation plus délicieuse que celle qui naît des feuilles qui brûlent ? Pour moi rien ne ravive des souvenirs plus doux du temps passé...* »

Sir John Everett Millais

Un rêve du passé – Sir Isumbras sur le gué

    Signé et daté de 1857
    Toile 124 × 170 cm
    Lady Lever Art Gallery, Port Sunlight

Exposé à l'Académie royale en 1857 avec un extrait d'une romance pseudo-moyenâgeuse de Tom Taylor, *Romance métrique de Sir Ysumbras*. L'arrière-plan fut peint au pont d'Earn à Pertshire et ce fut le colonel Campbell qui posa pour le chevalier. Le petit garçon était le fils de Millais, Everett. Le tableau a été beaucoup critiqué, surtout par Ruskin, qui a dit que c'était « *non seulement une chute, mais une catastrophe* ». Le tableau fut aussi caricaturé dans une estampe par Frederick Sandys, montrant Hunt, Millais et Rossetti sur un âne. Cependant, la composition est saisissante même si elle est quelque peu maladroite, et l'arrière-plan rappelle la beauté hallucinante de *Feuilles d'automne* et de *La Vallée de repos*. La technique est plus déliée que dans les œuvres précédentes et la nature sentimentale du sujet préfigure le changement de style de Millais.

plus de 30 000 livres sterling par an, somme colossale pour l'époque. Il vivait sur un grand pied et il fut le premier artiste anglais à avoir le titre de baron. Millais était aussi un grand sportif, passionnément épris de pêche et de chasse à l'affût ; on le voit sur des photographies vêtu de tweed, portant une casquette de chasse et fumant la pipe, ce qui lui donne davantage l'allure d'un châtelain victorien que d'un artiste. Ce n'était certainement pas un intellectuel. Son fils a écrit que « *probablement aucun artiste en Angleterre n'a jamais moins lu sur l'art que Millais* ». Mais peu d'artistes anglais eurent autant de talents. Jusque tout récemment, il était de mode de dénoncer les dernières œuvres de Millais comme inférieures à celles de sa période préraphaélite. Ce point de vue n'est désormais plus valable. Ses peintures de la dernière partie de sa vie sont, il faut le reconnaître, de facture inégale, mais elles méritent, à leur manière, autant de considération et autant de succès. Certains de ses portraits, en particulier *Atout cœur* ou le portrait qu'il a fait de Gladstone, sont parmi les plus beaux de l'époque victorienne. Quand Millais abandonna le préraphaélisme, ce fut une grande perte pour le mouvement, mais il ne faut surtout pas penser que sa carrière était devenue incohérente, ce serait d'une partialité flagrante. Millais fut l'un des plus brillants artistes de l'époque victorienne et Ruskin voyait juste quand il écrivait : « *... Qu'il soit bon ou mauvais une année, il est toujours le plus puissant de tous.* »

William Holman Hunt (1827-1910)

William Holman Hunt est resté le moins célèbre et le moins apprécié des membres de la confrérie, bien qu'il soit le seul à être resté toujours fidèle à ses principes. Il manquait à Hunt la facilité naturelle de Millais ou la personnalité séduisante de Rossetti, mais son immense détermination et sa force de caractère furent d'une importance cruciale aux premiers temps de la confrérie. C'est lui qui, dans les moments difficiles, préservait l'union des membres ; on se référait souvent à lui comme à un chef. On a consacré à son œuvre de nombreux livres et de multiples expositions, mais sa personnalité demeure insaisissable et mal comprise, et on néglige ses peintures.

La vie de Hunt fut un combat permanent, en partie parce qu'il était pauvre, et en partie parce qu'il a toujours été torturé par ses œuvres. Issu d'une humble origine, il reçut peu d'encouragement de sa famille. Il commença à travailler comme commis à douze ans, et au début il ne put peindre qu'à ses moments perdus. Après deux essais infructueux, il fut admis comme stagiaire aux écoles de l'Académie royale en 1844. Il y rencontra Millais, l'enfant prodige, et en 1848 Hunt présenta Rossetti à Millais, provoquant ainsi la formation de la confrérie. Ce fut également Hunt qui fit connaître à la confrérie les écrits de Ruskin.

La sincérité, l'honnêteté et la détermination de Hunt constituèrent la force de poussée de la confrérie. Durant toute sa vie, il refusa les compromis et les défaites, ce qui lui gagna le respect et l'admiration de ses collègues. Pour Hunt, la technique très soignée du style préraphaélite signifiait des mois d'un labeur incessant pour mettre la dernière touche à un tableau. Il croyait que le grand art ne pouvait résulter que du travail acharné, et toute sa vie il lutta pour parfaire ses œuvres, y passant parfois cinq ou même dix ans. En 1863 il écrivit : « *Je suis si fatigué du travail !... Je ne peux rien finir. Je travaille et travaille jusqu'à sentir que mon cerveau est aussi sec qu'un vieux morceau de bouchon de liège, mais la perfection s'éloigne.* » Plus que Millais ou Rossetti, Hunt représente l'aspect sérieux, moraliste du mouvement préraphaélite. C'était un homme pieux et il croyait que l'art doit être « *au service de la justice et de la vérité* ». Avec sa crinière rousse et sa barbe broussailleuse, il ressemblait à un prophète de l'Ancien Testament. Mais Hunt était aussi un joyeux compagnon, très entraînant dans son adolescence. « *Il avait*, disait de lui Rossetti, *un rire qui répondait à celui d'un autre comme une grotte remplie d'échos.* » Toute son œuvre est pénétrée de l'esprit ruskinien moralisateur et il fut le seul parmi les préraphaélites à se consacrer aux grandes peintures religieuses, attirant la plus large audience. Bien qu'il se soit finalement écarté des strictes idées préraphaélites, il resta fidèle aux idéaux fondamentaux du mouvement. On peut donc dire de Hunt qu'il est le seul préraphaélite authentique, dans le sens le plus strict du terme.

40

En haut : Photographie de William Holman Hunt par Julia Margaret Cameron, 1864.
En bas : **William Holman Hunt**, frontispice pour *Le Germe* (The Germ), 1850.

William Holman Hunt
Le Mauvais Berger

Signé et daté Ewell 1851
Toile 77 × 110 cm
Manchester City Art Gallery

Exposé en 1852 à l'Académie royale avec cet extrait
du Fou dans *Le Roi Lear* :

Que tu sois endormi ou réveillé, joli berger
  Tes moutons sont aux champs ;
Et pour un baiser de ta bouche mignonne
  Tes moutons n'en subiront aucun mal.

C'est là le tableau le plus admirable et probablement le
plus connu de Hunt à ses débuts. Le modèle du
personnage de la jeune fille fut Emma Watkins, une
fille de ferme qui travaillait dans un domaine à Ewell,
dans le Surrey. C'est aussi près d'Ewell, où son oncle
possédait une ferme, que Hunt a peint le paysage. Bien
que le tableau puisse paraître comme une simple scène
de coquetterie champêtre dans un admirable paysage,
Hunt avait un but moral plus sérieux. Le berger
symbolise l'Église qui néglige son troupeau, tandis qu'à
l'arrière-plan, les moutons errent dans les champs de
maïs et qu'un agneau mange des pommes vertes sur les
genoux de la jeune fille.

Le premier tableau préraphaélite de Hunt fut *Rienzi*, peint à l'extérieur, en plein
soleil, et tous ses détails sont tirés de la nature. Hunt tirait ses sujets, généralement
dramatiques, des œuvres littéraires. Comme Rossetti, il aimait la littérature anglaise,
qu'il connaissait très bien, et c'est lui qui amena Millais à la poésie de Keats et de Tennyson. Ces deux poètes – également shakespeariens – allaient inspirer Hunt pour le
restant de sa vie. Son tableau suivant, *Les Druides* (p. 18), fut sa première œuvre à thème
religieux ; il allait y en avoir beaucoup d'autres. On reconnaît déjà dans *Les Druides* la
méthode que suivra désormais de plus en plus Hunt pour faire passer un message moral
et allégorique par le biais de sujets symboliques. *Claudio et Isabella* (p. 19) et *Valentin
délivrant Sylvia* (p. 21) furent ses premières scènes shakespeariennes peintes selon les
principes préraphaélites. Ces deux tableaux sont plus complexes qu'il ne peut sembler
à première vue, car Hunt a choisi délibérément des moments très chargés d'émotion,
pleins d'allusions morales ou sexuelles. Hunt a toujours été très préoccupé par le péché
et la culpabilité, le châtiment et la rédemption, préoccupations qui se reflètent dans
un grand nombre de ses tableaux, et fournissent des indications sur la complexité de
son propre caractère. Comme Rossetti, Hunt fut victime d'une femme fatale, la belle
Annie Miller, modèle aux cheveux roux. Avec son zèle évangélique et magnanime,
Hunt tenta de la ramener sur le droit chemin ; il voulut même l'épouser, mais il échoua
dans les deux cas. Resté célibataire jusqu'en 1865, Hunt épousa à trente-huit ans Fanny
Waugh, qui mourut prématurément. Il épousa alors la sœur de Fanny, Edith, en 1875.
Comme les unions de ce genre étaient encore interdites à l'époque par les lois anglaises,
le mariage fut célébré à l'étranger. Cette tache d'illégalité flottera toujours comme un
nuage persistant sur la tête de Hunt et deviendra, après sa mort, une obsession pour

William Holman Hunt

Le Réveil de la conscience

Signé et daté de 1853
Toile au haut arqué 74 × 55 cm
Tate Gallery, Londres

Premier tableau victorien à s'attaquer à l'épineux
problème de la prostitution. Une femme entretenue,
assise au piano avec son amant, est tout à coup prise
de remords et se lève, tandis que l'homme joue du
piano, ignorant ce qui vient de se passer. Hunt a essayé
de traiter le sujet avec le plus grand sérieux, inscrivant
une citation religieuse sur le cadre et deux autres sur le
catalogue de l'Académie royale. Mais ceci n'empêcha
pas les critiques. L'*Athenaeum* écrivit que la scène était
« *tirée d'un aspect très sombre et répulsif de la vie
domestique...* » Ruskin vint une fois de plus au secours,
prenant longuement, dans une lettre au *Times*, la
défense du tableau.

La Lumière du monde

Signé d'un monogramme et daté de 1853
Toile au haut arqué 125 × 60 cm
Wardens and Fellows of Keble College, Exford

Probablement la plus célèbre de toutes les œuvres
religieuses victoriennes. Exposée en 1854 à l'Académie
royale en même temps que *Le Réveil de la conscience*.
Ce tableau illustre un passage des *Révélations* : « *Voyez,
je suis à la porte et je frappe ; si quelqu'un entend ma
voix et ouvre la porte, j'entrerai et viendrai à lui ; je
souperai avec lui, et lui avec moi.* » Hunt a commencé
ce tableau à Worcester Park Farm durant l'hiver de
1851, travaillant dans un verger la nuit. Millais a noté
que Hunt travaillait gaiement à la lumière d'une
lanterne accrochée au tronc tordu d'un pommier,
« *lavée par la lumière phosphorescente du clair de
lune...* ». Le tableau ne fut achevé qu'en 1853 et fut
vendu la même année à Thomas Combe, d'Oxford, dont
la femme offrit plus tard ce tableau au Keble College.
Beaucoup plus tard, Hunt en a peint une version plus
grande, qui est accrochée maintenant à la cathédrale
Saint-Paul.

sa veuve. Certains pourraient trouver morbide et mélancolique l'atmosphère de ferveur religieuse et de répression morale qui ont entouré la vie et l'œuvre de Hunt, mais, contrairement à Rossetti, Hunt représentait tout à fait son temps et sa classe.

Le tableau préraphaélite majeur que Hunt exécuta ensuite fut *Le Mauvais Berger* (p. 41). Là aussi, Hunt a traité un conte sur un plan moral, mais c'est également une brillante peinture. Hunt était un magnifique coloriste et il ne cessa durant toute sa carrière d'explorer les problèmes de la lumière et des couleurs. On a dit qu'il pouvait voir les lunes de Jupiter à l'œil nu et ses peintures ont une clarté du détail pénétrante, presque surréaliste, qui dépasse tout ce que les autres préraphaélites ont fait. *Le Berger stipendié* inspira aussi beaucoup d'autres paysagistes préraphaélites. Hunt aurait pu être un brillant paysagiste s'il l'avait voulu, mais dans son travail artistique, il a toujours mis ce talent au second plan. En 1853, Hunt a peint ses derniers tableaux avant la dissolution de la confrérie. Ce sont *Le Réveil de la conscience* (p. 42) et *La Lumière du monde* (p. 43) dont il voulut faire deux versions d'un même thème, l'une profane et l'autre religieuse. Dans les deux tableaux, Hunt utilise sa technique personnelle qui accentue l'image visuelle par le détail symbolique très travaillé. Dans *Le Réveil de la conscience*, par exemple, presque tous les objets se trouvant dans la pièce ont une signification : le mobilier avec sa « *fatale nouveauté* », comme Ruskin l'a décrit dans une lettre au *Times*, les livres « *marqués de la triste usure des feuilles chéries… ; l'oiseau déchiré agonisant sur le parquet ; la tapisserie dorée aux oiseaux picorant le maïs mûri* », le tableau de la femme prise en état d'adultère, et même la partition musicale sur le piano et par terre. Le châssis de la fenêtre est gravé de clochettes et de soucis, symbolisant des mises en garde, avec des citations religieuses. Comme si tout cela ne suf-

William Holman Hunt
Le Bouc émissaire

Signé d'un monogramme et daté d'Oosdoom, mer Morte, 1854
Toile 86 × 138 cm
Lady Lever Art Gallery, Port Sunlight

Hunt exécuta ce tableau lors de son premier voyage au Moyen-Orient en 1854. Le sujet s'inspire de la tradition talmudique consistant à conduire au désert, le Jour de l'Expiation, un bouc de sacrifice de couleur blanche. On a attaché un filet de laine rouge aux cornes du bouc, selon la croyance qu'il deviendrait rouge si le sacrifice était accepté. Hunt travailla sur l'arrière-plan pendant plusieurs jours à Oosdoom, sur la mer Morte, et plus tard il emmena un bouc avec lui en Angleterre en même temps qu'une grande quantité de boue et de pierres de la mer Morte, afin de terminer le tableau dans son atelier. Exposé en 1955 à l'Académie royale, le tableau fut accueilli avec respect, mais aussi avec embarras. Ford Madox Brown écrivit ces quelques mots dans son journal : « *Il faut voir* Le Bouc émissaire *de Hunt pour y croire. Alors seulement, on peut comprendre comment, par la force du génie, à partir d'un vieux bouc et quelques incrustations salines, on peut réaliser une des œuvres les plus tragiques et les plus impressionnantes dans les annales de l'art.* »

William Holman Hunt

La Découverte du Sauveur au temple

1854-60
Toile 86 × 141 cm
Birmingham City Museum and Art Gallery

C'est le premier grand tableau biblique après le voyage de Hunt au Moyen-Orient. Il le commença en Terre sainte en 1854-55, mais il lui fallut encore cinq ans pour le compléter. Hunt consulta Dickens à propos du prix, et finalement il le vendit au marchand Ernest Gambart pour la somme considérable de 5 500 livres sterling. Le tableau eut un énorme succès populaire et le *Manchester Guardian* écrivit qu'« *on n'a vu, de nos jours, aucun tableau aussi soigné...* »

John Ballantyne, William Holman Hunt dans son atelier, travaillant sur une version de *La Découverte du Sauveur au temple*.

fisait pas, lorsque Hunt exposa le tableau à l'Académie royale, il l'avait accompagné de deux autres citations bibliques. *La Lumière du monde* est une allégorie de l'échec de l'homme à suivre les enseignements de Jésus. La porte est symboliquement recouverte de lierre, de ronces et d'herbes folles ; les gonds et la poignée sont rouillés.

Le tableau eut beaucoup de succès populaire et il fut reproduit sans fin dans les livres et autres imprimés, mais il a gardé sa puissance en tant qu'image religieuse essentielle de l'époque victorienne. Ce tableau et *Le Réveil de la conscience* sont remarquables par leur originalité parfaite. Il n'y eut rien de comparable dans l'art anglais, avant comme depuis. Par leur excellente finition technique et leur symbolisme complexe, on ne peut les comparer qu'aux peintures religieuses des primitifs allemands ou flamands. Et si Hunt admirait beaucoup Van Dyck, Tintoretto et d'autres artistes italiens, il avait cependant son propre art, très strict et tout à fait original.

Au début de 1854, Hunt partit pour la Terre sainte, et cela marqua vraiment la fin de la confrérie. Il avait pris cette décision parce qu'il voulait peindre des épisodes de la Bible sur les lieux mêmes où ils s'étaient passsés. Ce fait est représentatif du caractère entier de Hunt et de son souci pour la recherche de la perfection, et aussi de l'esprit rationnel, scientifique de l'époque. David Wilkie et David Roberts avaient précédé Hunt au Moyen-Orient mais c'étaient des topographes plus que de sérieux peintres de tableaux religieux. Hunt revint de ce voyage avec l'une des œuvres les plus originales et les plus excentriques, qu'il intitula *Le Bouc émissaire* (p. 44). Ce tableau soulève encore aujourd'hui autant d'admiration que de désapprobation. Que Hunt ait passé tellement de temps et travaillé autant sur un sujet si ingrat peut sembler peu judicieux, mais il faut reconnaître qu'il y a dans cette œuvre une puissance extraordinaire, dans l'un des paysages les plus macabres et les plus étranges de l'art anglais.

Après *Le Bouc émissaire*, Hunt exécuta *La Découverte du Sauveur au temple*, autre tableau religieux (p. 45). Il l'avait commencé en 1854 lors de son premier voyage au Moyen-Orient, mais il ne l'acheva qu'après 1860, à son retour d'un autre voyage en Terre sainte. Hunt aurait bien voulu terminer cette peinture sur place à Jérusalem, mais il lui fallut rentrer dans son atelier pour pouvoir enfin trouver en Angleterre les modèles dont la recherche était pour lui un problème permanent. Hunt était fasciné par les coutumes et l'histoire des juifs. Cette fascination se reflète dans chaque détail, très élaboré, de l'œuvre. Ce travail herculéen fut finalement récompensé : Ernest Gambart, célèbre marchand d'œuvres d'art, acheta le tableau pour la somme inouïe de 5 500 livres sterling. Pour Hunt, les années financières difficiles étaient enfin derrière lui ; à l'avenir, il vendra ses tableaux encore plus cher. Mais après 1860, son œuvre appartient vraiment à la seconde phase du mouvement.

Adeptes et associés de la confrérie préraphaélite
Ford Madox Brown (1821-1893)

Madox Brown ne fut jamais membre de la confrérie. Et pourtant, s'il y a un artiste, un seul, qui devait l'être, c'est bien lui. Il appartenait à la génération qui précéda de peu celle des préraphaélites et sa candidature fut rejetée par Hunt, principalement parce que ses peintures étaient trop académiques et trop conventionnelles. On pense aussi que Hunt fut offensé de l'influence de Brown sur Rossetti. En tout cas, Brown avait un caractère renfermé et indépendant et, si on l'avait invité à se joindre au mouvement, il est possible qu'il aurait refusé. Quoi qu'il en soit, ses propres peintures exercèrent une influence considérable sur les préraphaélites aux premiers temps de la confrérie. En retour, les préraphaélites l'influencèrent aussi et il peignit dans les décennies 1850 et 1860 plusieurs tableaux clés qui apportèrent une contribution très importante à l'iconographie du mouvement préraphaélite. Brown fut sans conteste le plus important peintre préraphaélite en dehors de la confrérie.

On peut dire de Brown qu'il reçut une formation très vaste. Né à Calais où son père était commissaire de navire, c'est sur le continent qu'il fit toutes ses études artistiques, en particulier à l'académie d'Anvers, en Belgique, sous la direction du baron Wappers. En 1844, il partit pour l'Angleterre avec sa femme et sa fille Lucie, qui devait épouser

Ford Madox Brown
Chaucer à la cour du roi Édouard III

1845-51
Toile au haut arqué 372 × 296 cm
Art Gallery of New South Wales, Sydney

Premier tableau important de Madox Brown, commencé à Rome en 1845 et finalement exposé à l'Académie royale en 1851. Son titre complet est *Geoffrey Chaucer lisant « La légende de Custance » à Édouard III et sa cour au palais de Sheen, au quarante-cinquième anniversaire du prince noir*. L'idée du tableau lui vint de l'*Histoire d'Angleterre* (History of England) de Mackintosh d'où Madox Brown conçut « *une vision de Chaucer lisant ses poésies aux chevaliers et aux dames du beau milieu, au roi et à sa cour, en plein vent et en plein soleil* ». L'artiste l'avait d'abord conçu comme un triptyque, mais il ne termina que le panneau central. La Tate Gallery possède une version plus petite de ce tableau.

Dante Gabriel Rossetti, portrait de Ford Madox Brown, 1852.

plus tard William Michael Rossetti. Il continua à visiter l'Europe, surtout l'Italie où il rencontra les nazaréens qui lui firent une grande impression. Comme les préraphaélites, les nazaréens voulaient rajeunir l'art allemand en retournant à l'esprit des peintres « primitifs chrétiens », et l'œuvre de Brown constitue un lien direct entre les deux écoles. Ses deux premiers tableaux réalisés en Angleterre, *Wycliffe lisant sa traduction de la Bible à Jean de Gaunt* et *Chaucer à la cour du roi Édouard III* (p. 47) annoncent clairement plusieurs des caractéristiques préraphaélites. Le détail précis, les costumes étudiés avec soin, la composition très travaillée, le mélange de la touche historique et du nationalisme, le fait de donner un caractère d'idéalisme au Moyen Age, on pourra retrouver tous ces éléments dans les œuvres de Rossetti, Hunt et Millais.

Pendant la plus grande partie de sa vie, Brown a tenu régulièrement son journal. Nous connaissons donc beaucoup plus de sa pensée artistique et de ses combats que de ceux des autres préraphaélites. Il a noté ses épreuves presque continuelles ainsi que les problèmes techniques incessants qu'il eut à affronter lorsqu'il tenta de s'accom-

Ford Madox Brown
Le Christ lavant les pieds de Pierre
> 1851-56
> Toile 117 × 133 cm
> Tate Gallery, Londres

Ce tableau fut d'abord exposé à l'Académie royale en 1852, mais il subit beaucoup de retouches entre 1854 et 1856, année où on l'exposa à l'académie de Liverpool ; il y remporta d'ailleurs le prix de 50 livres sterling. Dans sa première version, le personnage du Christ était nu, mais Brown l'habilla en le repeignant. Les profils bas et les curieux visages sont typiques du style de Brown, excentrique et très original. Comme d'habitude, plusieurs préraphaélites servirent de modèles pour l'exécution de ce tableau, y compris Holman Hunt et les trois Rossetti.

Ford Madox Brown
Le Travail

Signé et daté de 1852-65
Toile 135 × 196 cm
Manchester City Art Gallery

Madox Brown travailla pendant plus de douze ans, entre 1852 et 1865, à ce tableau, l'un des chefs-d'œuvre du mouvement préraphaélite. Parmi toutes les peintures victoriennes, c'est l'une des plus expressives. Elle se veut une homélie en hommage aux vertus du travail de tous genres. La composition est pleine de personnages symbolisant les différentes classes de la société victorienne, les genres de travaux et les contrastes sur le plan moral entre le travail et la paresse. Hunt a peint ce tableau à Heath Street, à Hampstead, près de sa maison, et l'inspiration en fut « l'excavateur anglais ou le terrassier », dont on voit un exemple au centre de la composition.

moder avec le style préraphaélite. L'un de ses premiers tableaux préraphaélites fut *Les Jolis Petits Agneaux* (p. 50). Brown l'exposa pour la première fois en 1852. Il l'avait peint en plein soleil. C'est un tableau d'une fidélité sans compromis et il montre jusqu'où pouvait aller la détermination de ce peintre quand il adoptait le style préraphaélite. Il était le seul des principaux préraphaélites à se concentrer sur la pure peinture de paysage. On traitera d'ailleurs cet aspect de son œuvre dans le chapitre sur le paysage préraphaélite. Brown exposa cette même année 1852 à l'Académie royale son premier tableau religieux dans le style préraphaélite : *Le Christ lavant les pieds de Pierre* (p. 48). Ici également on peut voir l'effet des idées préraphaélites sur le style de Brown. Comme dans *L'Atelier du charpentier* (p. 17) de Millais, Brown a choisi de montrer le Christ et ses disciples sous l'aspect de gens ordinaires. Le Christ est délibérément représenté sous des traits humbles, peu flatteurs, et le traitement des personnages est audacieux et réaliste. Brown continua à peindre des tableaux religieux et historiques dans ce style, mêlant le réalisme préraphaélite avec son maniérisme académique très personnel.

Il y a un autre domaine du mouvement préraphaélite où la contribution de Brown fut importante, c'est le réalisme social. Il exécuta sur ce thème deux tableaux : *Dernier Regard sur l'Angleterre* (p. 11) et *Le Travail* (p. 49). La célébrité de Brown repose beaucoup sur ces deux œuvres essentielles, qui sont parmi les plus connues de tous les tableaux victoriens. Brown a écrit à propos de *Dernier Regard sur l'Angleterre* que « *ce tableau est historique, au sens le plus strict du mot ; il traite du grand mouvement d'émigration qui atteignit son point culminant en 1865... Et dans le but de représenter la scène d'adieu dans tout son développement tragique, j'ai choisi un couple de la classe moyenne*

assez instruit et raffiné pour apprécier tout ce qu'il abandonne... Le mari rêve amèrement à ses espoirs déçus et à la rupture d'avec tout ce pour quoi il a lutté... » A l'époque, Brown lui-même ressentait de l'amertume pour le manque de reconnaissance à son égard et pour ses incessantes difficultés financières. Au point qu'il songea à émigrer lui aussi. Brown a raconté comment il a peint le tableau : « *Pour obtenir exactement cet aspect particulier de la lumière d'alentour que les objets ont par un jour sombre en mer, j'ai peint ce tableau pour la plus grande partie en plein air les jours sombres. Et la chair, je l'ai peinte les jours froids. Sans jamais tenir compte de l'art de n'importe quelle époque ou de n'importe quel pays, j'ai essayé de rendre cette scène comme elle devait paraître.* » Cette dernière phrase reflète bien la totale honnêteté de Madox Brown dans sa recherche de la vérité, une caractéristique qu'on retrouve aussi chez tous les préraphaélites, en particulier Holman Hunt. *Dernier Regard sur l'Angleterre* est une description émouvante de ceux qui furent forcés de quitter leur terre natale par suite d'épreuves économiques. Parmi toutes les peintures anglaises, celle-ci a une place de choix, bien méritée d'ailleurs.

Brown était un passionné des œuvres de Thomas Carlyle, le plus influent écrivain du début de l'ère victorienne, et portant sur les problèmes sociaux. Il admirait particulièrement *Le Passé et le Présent*. Prenant pour sujet la philosophie sociale de Carlyle,

Ford Madox Brown
Les Jolis Petits Agneaux

Signé et daté de 1851-59
Toile 60 × 75 cm
Birmingham City Museum and Art Gallery

Premier paysage important de Brown dans le style préraphaélite. Il fut peint à Stockwell, dans la partie sud de Londres, où l'artiste vivait à l'époque, et fut exposé à l'Académie royale en 1852. Brown a écrit dans son journal que ce tableau « *a été peint presque entièrement au soleil, ce qui par deux fois m'a donné de la fièvre pendant que je peignais... On amenait tous les matins en camion les agneaux et les moutons de Clapham Common ; un jour, l'un d'eux a mangé toutes les fleurs du jardin et les animaux tombèrent tous malades* ». Ce sont la femme et la fille de Brown qui lui ont servi de modèles.

il a essayé d'en faire une représentation picturale, qu'il intitula *Le Travail*. Au centre, on voit un groupe d'ouvriers représentant le travail manuel, symbolisant « *l'exemple extérieur, visible du travail* ». A cette époque, il y avait effectivement des travaux d'excavation à Hampstead. Brown s'y rendit et exprima son admiration pour « *le terrassier anglais, en pleine activité* ». Il trouva que ce terrassier était le sujet parfait pour une peinture « *tout comme le pêcheur de l'Adriatique, le paysan de la Campagna ou le lazzarone napolitain* », comme il l'écrira plus tard. Il dessina leurs vêtements « *virils et pittoresques* » et donna délibérément à ces hommes des attitudes héroïques. On voit non loin de là un charpentier, à la cravate papillon et portant un gilet de fantaisie, avec un exemplaire du *Times* sous le bras. Celui-là représente l'artisan qualifié, un degré au-dessus de l'ouvrier. Dans le fond, on aperçoit une dame et un galant homme à cheval, personnifiant les classes désœuvrées. Brown a indiqué que l'homme (d'après un modèle du peintre Robert Braithwaite Martineau) est censé représenter « *quelqu'un de très riche, probablement un colonel de l'armée, siégeant au Parlement, ayant une rente de quinze mille livres par an et une meute de chiens de chasse* ». Ce qui était difficile à représenter, c'était la classe moyenne urbaine – industriels, marchands, banquiers – et Brown y a réussi en incluant deux dames, coquettement habillées, que l'on voit à gauche. Le modèle de la plus jeune, tenant un parasol, fut la femme de l'artiste, et son « *seul travail dans la vie, a dit Brown, est de s'habiller et de paraître belle pour notre avantage* ». La deuxième est occupée à distribuer des tracts de la Société de tempérance, passe-temps favori des dames victoriennes au grand cœur. A l'extrême gauche, on voit une jeune fille aux pieds nus qui vend des fleurs ; sur la route à droite, il y a des vendeurs d'oranges et des hommes-sandwiches, tous représentant cette vaste tribu des marchands de rue si assidûment cataloguée par Henry Mayhew dans son livre historique *Le Travail et les pauvres de Londres* (*London Labour and the London Poor*). Brown a écrit que son intention était d'amener ces personnages à symboliser « *le courage et l'énergie de la ville* » contrastant avec « *les nerfs et les muscles de la campagne* ». Sous la barrière de droite il y a des clochards endormis, symbole de l'oisi-

veté, et, au premier plan, un groupe d'enfants sans mère laissés à la garde de leur sœur aînée. Appuyés sur la barrière de droite, on voit des intellectuels, ou plutôt des travailleurs intellectuels : c'est Carlyle portant chapeau, en compagnie de John Frederick Maurice, socialiste chrétien et fondateur des « écoles pour travailleurs » (Working Men's Colleges). Dans ce tableau, presque chaque détail a une portée morale. C'est le cas même pour le chien terrier qui lorgne le lévrier choyé ainsi que pour les affiches qui font la publicité pour un foyer de garçons, ou pour les cours destinés aux ouvriers ou qui promettent une récompense en échange d'un renseignement. On y lit aussi cette inscription énigmatique « Argent ! Argent ! Argent ! ». Le cadre porte des textes bibliques se rapportant – très à propos – au travail. On reconnaît là toute la méthode que Hunt a explorée dans *Le Réveil de la conscience* (p. 42), mais qu'il a appliquée ici dans un but très différent et sur une plus grande surface. En fait, ce tableau est, de toute l'époque victorienne, celui qui possède la plus grande intensité didactique, ajoutée au récit moraliste et allégorique. On trouve là autant d'intensité que dans *Le Retable de Ghent* de Van Eyck. Il y a un parallèle évident dans la manière avec laquelle Hunt a représenté chacun des personnages et la peinture religieuse. En tant qu'œuvre d'art, la composition est trop chargée et manque de confort ; il contient trop de détails et trop d'idées. C'est néanmoins une œuvre préraphaélite majeure et l'une des plus remarquables peintures du réalisme social dans l'art anglais.

Ceux qui veulent insister sur les intentions politiques et sociales des préraphaélites citent généralement *Dernier Regard sur l'Angleterre* et *Le Travail* pour appuyer leur point de vue. Mais s'il est vrai que ces deux tableaux sont jusqu'à un certain point des peintures de protestation, Brown a subordonné dans les deux cas le but politique à l'objectif artistique. L'artiste ne dénonce pas le système capitaliste ; il tente simplement de le représenter sur sa toile. Le radicalisme de Madox Brown est artistique, pas politique. *Le Travail* est une glorification des vertus du travail, ce que chaque Anglais croit être le fondement de la grandeur de l'Angleterre. C'est un tableau davantage destiné à exciter le patriotisme qu'à exprimer un souhait de révolution sociale.

A droite : **Ford Madox Brown**, *Les Degrés de cruauté*, 1856-90.
Extrême droite : « *Prenez votre fils, Sir !* » (inachevé), 1852-92.

Par la suite, l'œuvre de Brown se placera dans la périphérie de l'histoire préra-phaélite, bien qu'il ait vécu jusqu'en 1893. Il enseigna aux « écoles pour travailleurs ». Il s'impliqua aussi dans des travaux de design pour Morris and Company. Dans les années 1850, il peignit encore un ou deux tableaux préraphaélites, comme *Prenez votre fils, Sir !* et *Les Degrés de la cruauté*. Ces deux curieux tableaux reflètent le goût du gro-tesque, et même du macabre, qui n'est jamais très loin de la surface dans l'art de Brown. Le premier tableau montre une femme présentant son enfant illégitime à son séducteur, et le second est une bizarrerie incompréhensible, digne de Hoghart. Avec le temps, Brown atteignit un niveau tout à fait raisonnable de sécurité financière, et sa maison de Fitzroy Square devint un lieu de rendez-vous fréquenté par les artistes et les écrivains, ce que son petit-fils Ford Madox Ford ne manque pas de rappeler dans la biographie qu'il lui a consacrée. La dernière partie de sa carrière fut surtout occu-pée par le travail des douze murals, à l'hôtel de ville de Manchester, illustrant l'his-toire de la cité. A voir leur taille, on est déçu par ces œuvres au style précieux et plutôt médiocre. La combinaison d'un style héroïque et de l'histoire locale n'est pas très heu-reuse, et ici Brown a permis aux tendances excentriques et grotesques de son style de se donner libre cours. Cependant, Madox Brown garde sa place comme une figure fon-damentale dans le mouvement préraphaélite et comme un artiste d'une grande puis-sance et d'un profond individualisme.

Arthur Hughes, autoportrait, 1851.

Arthur Hughes (1832-1915)

Après Madox Brown, Arthur Hughes fut le plus important adepte du préraphaélisme en dehors de la confrérie. Comme Brown, il a peint quelques-uns des chefs-d'œuvre les plus célèbres et les plus admirés de tout le mouvement. Hughes était un homme modeste, réservé et timide. On sait peu de chose de sa vie et de ses opinions sur l'art. Toujours porté à suivre les autres, il était heureux d'imiter et de développer les idées des autres, en particulier celles de Millais ; ce qu'il fit d'ailleurs avec une individualité subtile et délicate. Entre 1852 et 1863, il peignit une série de chefs-d'œuvre préra-

Arthur Hughes (1832-1915)

La Veille de la Sainte-Agnès

Toile, triptyque, centre 64 × 57 cm,
côté 59 × 30 cm
1856, Tate Gallery, Londres

Keats fut une grande source d'inspiration pour tous les préraphaélites, Hunt en particulier. Celui-ci a peint en 1848 une *Veille de la Sainte-Agnès* et c'est certainement ce qui donna à Hughes l'idée d'en faire sa propre version. Ce tableau de Hughes, aussi beau que celui de Hunt, fut exposé à l'Académie royale en 1856. Les trois scènes représentent respectivement l'arrivée de Porphyro au château, l'instant où il réveille Madeleine dans la chambre à coucher de celle-ci, et la fuite des amants, sur la pointe des pieds, en passant près du gardien ivre. Les trois panneaux sont reliés dans un cadre magnifique, créé presque certainement par Hughes lui-même.

Ophélie

Signé et daté de 1852
Toile au haut arqué 69 × 124 cm
Manchester City Art Gallery

Hughes a encore une fois choisi le thème de l'amour malheureux pour sa version d'*Ophélie*, un tableau d'une puissance et d'un effet hallucinant rares. Hughes a représenté Ophélie assise sur le bord du courant, et non se noyant. La vase jaune sur l'eau et la chauve-souris rôdant au-dessus rendent le paysage particulièrement surnaturel.

phaélites. En 1971, on a exposé ses œuvres à Londres et, depuis lors, un certain nombre de ses grands tableaux sont apparus sur le marché de l'art. Cela a eu pour effet de le remettre à sa vraie place comme figure majeure dans le mouvement préraphaélite.

Hughes naquit à Londres et, en 1846, il entra à l'école de design de Somerset House, où il étudia sous Alfred Stevens. En 1847, il suivit les cours de l'Académie royale et remporta en 1849 une médaille d'argent pour un dessin inspiré de l'antique. 1850 marque un tournant crucial pour sa carrière. Il eut un jour sous les yeux une copie de *The Germ* et fut tellement impressionné par sa lecture qu'il se lia sans tarder avec Rossetti, Hunt et Madox Brown, et se convertit au préraphaélisme. Sa première œuvre dans le nouveau style fut *Ophélie* (p. 52), qu'il présenta à l'exposition de l'Académie royale en 1852. Par pure coïncidence, Millais exposait, lui aussi, cette même année, une *Ophélie* (p. 33). Et la rencontre entre les deux peintres n'eut lieu qu'au vernissage de l'exposition. Par la suite, Hughes copiera le style de Millais et plusieurs de ses tableaux ne sont que des variations des thèmes de Millais. En 1856, Hughes exposa une autre œuvre majeure, *La Veille de la Sainte-Agnès* (p. 53), s'inspirant là aussi d'un tableau sur le même sujet peint par Hunt en 1848. Si le style de l'œuvre de Hunt constitue un retour aux tableaux historiques des années 1840, il faut noter que les détails et les couleurs sont purement préraphaélites, en particulier les effets du clair de lune et le vitrail. En 1856, l'une des œuvres les plus célèbres de Hughes, *Amour d'avril* (p. 54), exposée à l'Académie royale, reçut de la part de Ruskin un éloge très flatteur : « *Un tableau tout à fait exquis ; aux couleurs ravissantes ; notez le frémissement on ne peut plus subtil des lèvres, et la douceur du visage, secoué comme une feuille par le vent par-dessus la rosée, et s'apaisant lentement, comme avec hésitation.* » Le détail et le coloris sont aussi brillants que dans les œuvres de Millais. Le thème de l'amour romantique convenait parfaitement aux talents de Hughes, qui le traitait sur un ton désenchanté et tendre, alors que dans de nombreux tableaux préraphaélites les personnages sont tragiques,

Arthur Hughes, étude pour *Amour d'avril*,
non daté.

passionnés et accablés de remords. Autre trait caractéristique de Hughes : il utilise le décor d'un paysage pour intensifier l'état émotionnel des personnages. C'est une technique que Hughes employa dans presque tous ses tableaux, et dans *Amour d'avril* elle est beaucoup plus évidente. On peut l'observer dans *Les Longues Fiançailles*, tableau également célèbre, où Hughes reproduit avec tendresse la condition de ces amants victoriens infortunés et condamnés par leurs parents à des fiançailles prolongées.

Hughes connaissait bien une telle situation, car il dut attendre lui-même cinq ans avant d'épouser Miss Tryphena Foord en 1855. Un mariage qui allait être très heureux avec l'arrivée de cinq enfants. En 1857, Hughes fut parmi les artistes qui se joignirent à Rossetti,

Arthur Hughes
Amour d'avril

Signé, 1855-56
Toile au haut arqué 89 × 50 cm
Tate Gallery, Londres

Exposé à l'Académie royale en 1856 avec cet extrait
de *La Fille du meunier* :

L'amour est blessé par la cruche et l'agitation,
L'amour est fait d'un vague regret,
Les yeux se remplissent de larmes inutiles
Et pourtant une vaine habitude nous enchaîne ;
Qu'est-ce que l'amour ? Car nous oublions.
Ah non, non.

Arthur Hughes
Le Chevalier du soleil

Signé
Huile sur toile 28 × 39 cm
Collection privée

Esquisse d'un tableau plus grand commandé par Thomas Plint, collectionneur à Leeds, et qui entrera plus tard dans la collection de William Graham. On y voit un chevalier en armure sur le point de mourir, et qui est porté en un lieu d'où il pourra voir le soleil et le ciel. Le paysage est admirablement peint, et la composition est l'une des conceptions les plus admirables et les plus romantiques de Hunt. Bien que très peu connu, ce tableau mérite une place parmi les plus belles œuvres de Hunt.

Arthur Hughes
L'Annonciation

Signé, 1858
Toile 57 × 34 cm
Birmingham City Museum and Art
Gallery

Hughes travailla avec Rossetti sur les
murals d'Oxford, et on voit nettement
dans ce tableau l'influence de
Rossetti, et à travers lui celle de
Blake. Hughes a peint un certain
nombre de sujets religieux,
remarquables par leur intense qualité
visionnaire, rappelant certaines des
plus belles œuvres de Rossetti. Mais
le coloris pur et éclatant ainsi que les
accessoires détaillés font davantage
penser à Millais et Hunt.

Arthur Hughes
Geraint le courageux (Geraint et Enid)

Vers 1860
Toile au haut arqué 23 × 36 cm
Lady Anne Tennant

Encore une scène d'amour tendre comme Hughes
aimait les peindre. Ici deux amants de la légende
arthurienne. A l'époque où Hughes travaillait à ce
tableau, Rossetti et Burne-Jones peignaient des scènes
tirées de *Mort d'Arthur*. Mais Hughes a une manière de
traiter ce thème, délicate et sentimentale, tout à fait
différente de celle de ses deux amis, et qui se
rapproche davantage des tableaux historiques de
Millais, comme *Le Huguenot* ou *Le Brunswicker noir*.
Le thème des amants malheureux revient constamment
dans le mouvement préraphaélite.

Arthur Hughes, *L'Enfant du bûcheron*, 1860.

Burne-Jones et Morris pour peindre les murals d'Oxford. Cette expérience accrut l'influence de Rossetti sur la technique picturale de Hughes. Celui-ci commença à peindre des sujets arthuriens romantiques, tels que *Geraint le courageux* (p. 57) et *Le Chevalier du soleil* (p. 55), dans lesquels le ton général et le coloris sont plus doux et plus mystérieux. Ses dernières œuvres religieuses, comme *La Nativité* et *L'Annonciation* (p. 56), ont une touche mystique, symboliste, qui doit beaucoup à l'influence de Rossetti et, à travers ce dernier, à l'influence de Blake.

En 1858, Hughes et sa famille quittèrent le centre de Londres pour s'établir dans la banlieue, ce qui coupa l'artiste de tout contact direct avec ses collègues ainsi que des développements du mouvement préraphaélite. Cela finit par anémier l'art de Hughes, mais pendant quelques années encore, il continua à peindre des tableaux préraphaélites de la plus haute qualité.

Dans les années 1860, Hughes se mit à peindre aussi des tableaux descriptifs de la vie victorienne, comportant souvent la présence d'enfants. Dans ces tableaux, il combine le détail et le coloris préraphaélites avec les thèmes représentatifs du courant principal de l'art narratif victorien. Dans cette catégorie, son tableau le plus célèbre est *Retour de la mer à la maison* (ci-dessus). Hughes a également peint plusieurs autres tableaux de la même veine, mais moins connus, comme *L'Enfant du bûcheron* (1860) et *Retour à la maison après le travail* (1861). Toutes ces peintures sont imprégnées des

Arthur Hughes
A la maison, au retour de la mer

Signé et daté de 1863
Huile sur toile 51 × 65 cm
Ashmolean Museum, Oxford

Un mousse revient de la mer et apprend que sa mère est morte. En compagnie de sa sœur, il pleure sur sa tombe. Hughes a commencé ce tableau en 1856 dans le vieux cimetière de Chingford, dans l'Essex. A l'origine, le tableau ne contenait que le personnage du garçon et son titre était *Le Tombeau d'une mère* ; par la suite, Hughes y ajouta le personnage de la fillette et changea le titre du tableau.

mêmes thèmes : le respect de la vie campagnarde et l'amour des parents pour leurs enfants. C'est le genre de tableaux dont on fit de très nombreuses imitations dans les années 1860.

Après 1870, Hughes continua à peindre dans ce même style, mais il y manquait la poésie et l'intensité de ses œuvres précédentes. Il fit aussi du design pour Morris and Company et se révéla un excellent illustrateur de livres. Il peignit quelques charmants portraits de famille, particulièrement ceux de la famille de James Leathart, l'éminent collectionneur et mécène de Newcastle. Hughes se tourna également vers la peinture de paysage, en particulier les scènes côtières, où l'on retrouve parfois l'éclat des couleurs des années 1850 et 1860. La technique est cependant plus large ; Hughes, comme Millais, abandonna le fini méticuleux préraphaélite de ses débuts. Bien que quelques-unes de ses dernières œuvres soient moins puissantes, ce serait une erreur de rejeter toutes les œuvres de Hughes après 1870, comme l'ont fait certains écrivains. Hughes était un artiste talentueux, d'une rare puissance de poésie et d'imagination, et si ses dernières œuvres ne sont parfois qu'un écho du préraphaélisme, on doit reconnaître qu'il est resté, comme Holman Hunt, fidèle aux principes du préraphaélisme.

Autres adeptes préraphaélites des années 1850

Au fur et à mesure que le mouvement préraphaélite se renforçait, le nombre de ses adeptes et de ses imitateurs augmentait. On vit à l'Exposition universelle de Paris de 1855 un certain nombre de tableaux préraphaélites qui reçurent un accueil enthousiaste. Et l'année suivante, Ruskin pouvait écrire dans ses *Notes d'Académie* annuelles : « *L'animosité s'est changée en émulation, l'étonnement en sympathie et une véritable école de l'art est enfin établie solidement à l'Académie royale d'Angleterre.* » Durant les années 1850, de nombreux artistes, surtout des jeunes, se placèrent sous la bannière préraphaélite. Pour certains, cette influence fut seulement provisoire, et il n'en résulta qu'un ou deux tableaux préraphaélites ; pour d'autres, elle persista plus longtemps. Mais tous suivirent jusqu'au bout l'un ou l'autre des aspects du mouvement, et conservèrent jusqu'au bout les thèmes et les idées qui leur plaisaient le plus.

A l'époque où la confrérie fonctionnait, ses principaux associés étaient Ford Madox Brown, Arthur Hughes, Charles Allston Collins et Walter Howell Deverell. Il y eut aussi deux académiciens qui aidèrent et appuyèrent amicalement le mouvement : c'étaient Augustus Leopold Egg et William Dyce, tous deux de la génération précédente. Egg était surtout un peintre de costumes sur des thèmes littéraires et historiques, mais il sympathisa avec la confrérie et commanda à Holman Hunt en 1850 *Claudio et Isabella* (p. 19). Et l'on vit même dans l'œuvre d'Egg un début d'influence préraphaélite dans le détail et le coloris. Sa série appelée *Passé et Présent* rassemble trois scènes moralistes de la vie moderne sur le thème de l'infidélité conjugale et qui reflètent nettement l'influence du *Réveil de la conscience* (p. 42) de Hunt. William Dyce, l'autre sénateur protecteur de la confrérie, subit encore plus profondément l'influence préraphaélite. Dans sa jeunesse, il avait visité Rome et ce qu'il avait vu des peintres nazaréens l'avait beaucoup touché. Et ce fut lui qui, en 1850, prit le bras de Ruskin à l'Académie royale en lui disant d'examiner de nouveau *L'Atelier du charpentier* de Millais (p. 17). Ce qui n'empêcha pas Ruskin de critiquer un jour les propres œuvres de Ryce pour leur style « à l'italienne » et leur manque de détails naturels. Dyce le prit à cœur et, en 1857, il produisit *Le Premier Essai en couleurs de Titien* (p. 60), œuvre préraphaélite remarquable. Dyce prouvait ainsi qu'il

Augustus Leopold Egg, *Passé et Présent I*, 1858.

William Dyce (1806-1864)
Le Premier Essai en couleurs de Titien

1856-57
Toile 91 × 70 cm
Aberdeen Art Gallery

Dyce était de la génération des artistes précédant les préraphaélites, mais dans les années 1850 il fut influencé par leurs idées et leurs techniques. C'était aussi un ami et admirateur de Ruskin, et ses paysages sont parmi les plus remarquables de toutes les œuvres préraphaélites de ce genre. Dans ce tableau, Titien dans sa jeunesse colore un dessin de la Madone avec du jus de fleurs. Il y a une étonnante vérité dans le rendu des détails.

William Dyce, George Herbert à Bemerton, 1861.

pouvait peindre dans le style ruskinien, car la clarté du détail est dans ce tableau presque aussi pénétrante que dans les peintures de Holman Hunt. Dyce poursuivit dans le même style avec *George Herbert à Bemerton* (1861), mais c'est par ses peintures de paysage qu'il contribua surtout au mouvement préraphaélite. On en traitera plus loin. On trouvera un autre exemple du réalisme préraphaélite appliqué à un sujet historique dans *Le Cavalier blessé* (p. 62) de William Shakespeare Burton. Cet étonnant exploit de détail naturaliste est la seule œuvre préraphaélite connue de Burton, qui se tourna plus tard vers la peinture religieuse, intense et plutôt symboliste. Une autre figure obscure du même genre est John S. Clifton, dont le tableau *Amour* (p. 63) suit lui aussi le style romantique et historique des préraphaélites. Les deux tableaux qu'on vient de citer sont représentatifs de l'influence exercée par les préraphaélites au milieu des années 1850, et il est possible d'en trouver d'autres exemples.

Dans le cas de Henry Wallis aussi, l'influence préraphaélite fut très brève. Contrairement aux autres préraphaélites, Wallis étudia à Paris et à Londres. On trouve cependant peu de traces de son passage en Europe dans son premier – et le plus célèbre – tableau, intitulé *La Mort de Chatterton* (p. 68). Cette image tourmentée et inoubliable du poète mort est devenue à juste titre un des plus populaires de tous les tableaux préraphaélites. Il fit sensation à l'exposition de l'Académie royale de 1856. Wallis avait peut-être l'intention de faire dans ce tableau la critique de la façon dont la société traite

William Shakespeare Burton (1824-1916)

Le Cavalier blessé

> Exposé à l'Académie royale, 1856
> Toile 89 × 104 cm
> Guildhall Art Gallery, Londres

Ce tableau causa une sensation à l'Académie royale en 1856. Il représente un cavalier blessé, dont les dépêches ont été volées, secouru par une jeune fille puritaine. L'amoureux, jaloux, tenant une grande Bible, regarde la scène avec désapprobation. Les détails du premier plan sont peints avec une précision stupéfiante, et on a dit que l'artiste avait creusé un trou pour lui-même et son chevalet, afin d'être plus près des fougères et des pâquerettes qu'il voulait peindre. Et parce qu'il manquait une étiquette au tableau, l'académie fut tout près de refuser qu'il soit exposé, mais le peintre Charles West Cope retira l'un de ses propres tableaux pour faire de la place à celui-ci.

John S. Clifton (fl. 1852-1869)

Amour

> Signé et daté de 185... (dernier chiffre inexistant)
> Toile 107 × 84 cm
> Collection privée

Clifton fut l'un des nombreux artistes des années 1850 à se convertir au style préraphaélite. Son style romantique, presque médiéval, est celui qui se rapproche le plus de celui de Ford Madox Brown, même si on voit dans ses coloris l'influence de Millais et d'Arthur Hughes. Le tableau fut exposé avec le titre « Amour », accompagné d'une longue poésie de Samuel Taylor Coleridge. Clifton est très peu connu et il n'exposa que peu de tableaux pendant les années 1850, après quoi, comme beaucoup de préraphaélites mineurs, il disparut de la scène artistique.

les artistes, et son tableau suivant, *Le Casseur de pierres* (p. 64), allait devenir l'un des tableaux à caractère social les plus célèbres de tout le XIXᵉ siècle. Ruskin l'a qualifié de « *tableau de l'année* ». Wallis a peint un ou deux autres tableaux de style préraphaélite, mais cette phase de sa carrière devait se terminer brutalement en 1858 quand il s'enfuit avec la femme du romancier et poète George Meredith. A partir de ce moment, Wallis passa la plus grande partie de son temps à voyager. Il restait longtemps à l'étranger et il ne se remit plus jamais à peindre sérieusement. Il fit cependant des aquarelles sur ses voyages et devint en 1880 membre de la Vieille Société des aquarellistes (Old Watercolour Society). Mais ses dernières œuvres n'ont pas du tout le caractère préraphaélite. En rentier qu'il était, il se consacra à l'étude des céramiques, domaine où il devint un grand expert. Il est peut-être l'exemple le plus extrême d'un artiste qui, inspiré par le style préraphaélite, a peint un petit nombre de bons tableaux, puis, n'y étant plus intéressé, est passé à autre chose. C'était un schéma familier dans les années 1850 et il s'appliqua à beaucoup d'autres artistes.

Le cas de John Brett, lui aussi converti au style préraphaélite, est différent. Sa carrière fut longue et fructueuse. Fils d'un officier de l'armée, Brett entra aux écoles de l'Académie royale à 23 ans. Au début il peignit des portraits mais, en 1856, il rencontra,

Henry Wallis (1830-1916)
Le Casseur de pierres

Signé et daté de 1857
Huile sur panneau 64 × 79 cm
Birmingham City Museum and Art Gallery

Le métier de casseur de pierres était considéré au XIXᵉ siècle comme le plus dégradant travail physique, habituellement fait par des prisonniers ou des pensionnaires des asiles d'indigents. Le tableau de Wallis, exposé à l'Académie royale en 1858, ne portait pas de titre, mais il était accompagné d'un long extrait de *Sartor Resartus* de Carlyle commençant par « *Frère, toi qui n'es guère imploré...* » C'est l'un des plus sombres tableaux du mouvement préraphaélite sur le thème du réalisme social. Dans un paysage d'une beauté hallucinante et mélancolique, le casseur de pierres est tassé comme mort sur un amas de pierres, il semble presque intégré à la terre elle-même, et une hermine d'été s'approche prudemment de son pied.

John Brett (1830-1902)
Le Casseur de pierres

Signé et daté de 1857-58
Toile 50 × 68 cm
Walker Art Gallery, Liverpool

Exposé à l'Académie royale en 1858, et loué par Ruskin comme « *tout simplement le plus parfait morceau de peinture au niveau de la touche à l'académie cette année* ». Assis devant un paysage admirable aux détails saisissants, le casseur de pierres de Brett est un garçon joyeux et sain, et il a un chien. Brett a peint ce tableau à Box Hill, dans le Surrey, et on lit sur la borne kilométrique : « *23 miles to London* » (Londres, 40 km). Le contraste entre ce tableau et celui de Henry Wallis, portant le même titre et exposé la même année à l'Académie royale, peut être difficilement plus grand. Ruskin exhorta aussi Brett à peindre les bosquets de châtaigniers du Val d'Aoste, et l'artiste, obéissant respectueusement, partit pour l'Italie un mois plus tard.

en Suisse, le paysagiste John William Inchbold. Laissons Brett raconter lui-même cette étape de sa vie : « *Je me rendais compte çà et là que je n'avais jamais peint de ma vie, que je me dupais moi-même et me négligeais... J'ai tenté alors raisonnablement de peindre tout ce que je voyais.* » Le premier fruit de sa conversion au paysage préraphaélite fut *Le Glacier de Rosenlaui*, intense étude ruskinienne de rochers et de neige. Son tableau suivant de grande importance fut *Le Casseur de pierres* (ci-dessus). Cette œuvre fut exposée, là aussi par simple coïncidence, à l'Académie royale en 1858, en même temps que *Le Casseur de pierres* de Wallis. Le tableau de Brett a un air idyllique d'innocence rustique très éloigné de la tristesse tragique de la version de Wallis. Le message social, s'il y en a un, est complètement éclipsé par la beauté du paysage. Ruskin fit généreusement l'éloge des deux tableaux, et prit Brett sous son aile. Comme Ruskin, Brett s'intéressait aux sciences, et sa peinture minutieuse des rochers et des fleurs a dû le recommander à Ruskin comme un élève valable. Les relations entre le maître et son élève ne furent pas faciles ; elles fournissent quand même un exemple intéressant de l'influence de Ruskin sur un jeune artiste.

Vers la fin des années 1850, plusieurs artistes de l'Académie, comme Egg et Dyce, plus âgés que les préraphaélites, flirtèrent brièvement avec les idées de leurs cadets. De son côté, William Powell Frith, bien qu'il l'ait nié fermement, fut certainement influencé par les préraphaélites en se tournant vers les sujets contemporains. Et dans les années 1850, sa technique devint de plus en plus nettement préraphaélite. William Maw Egley est lui aussi un artiste à classer dans cette catégorie. Il a surtout peint des

En haut : **William Powell Frith**, *Le Jour du Derby*, détail, 1858.

En bas : **William Maw Egley**, *Dans l'omnibus à Londres*, 1852.

William Maw Egley (1826-1916)

Le Chêne parlant

Signé et daté de 1857
Toile 74 × 61 cm
Detroit Institute of Arts

Exposé au British Institution en 1857, accompagné d'une citation de Tennyson :

Mais dis-moi, a-t-elle lu le nom
Que j'ai gravé de tant de vœux ?

But tell me, did she read the name
I carved with many vows ?

Bien que Egley n'ait effleuré que brièvement les sujets et les idées préraphaélites, l'intense détail et le fini méticuleux de tous ses tableaux reflètent l'influence de la technique préraphaélite.

sujets littéraires et historiques. Entre 1855 et 1862, il se tourna vers les sujets contemporains ; on lui doit en particulier le tableau bien connu qu'il a appelé *La Vie d'omnibus à Londres*. En 1857, il a peint *Le Chêne parlant* (p. 67), un sujet tennysonien romantique, tout à fait dans la manière de Millais et d'Arthur Hughes. Henry Alexander Bowler choisit lui aussi un sujet de Tennyson pour son célèbre tableau *Le Doute : « Ces ossements secs peuvent-ils vivre ? »* (p. 69).

Bowler était avant tout professeur d'art et n'avait pas beaucoup de temps pour peindre. *Le Doute* est son unique tableau important, mais il peignit aussi dans les années 1850 et 1860 des paysages où l'on reconnaît l'influence préraphaélite. Michael Frederick Halliday fut un artiste amateur, qui partagea un moment un atelier avec Holman Hunt. Sa seule œuvre bien connue est *La Mesure de l'alliance* (p. 70), tableau d'un rendez-vous romantique où l'on voit de nombreuses

Henry Wallis

La Mort de Chatterton

Signé et daté de 1856
Toile au haut arqué 60 × 91 cm
Tate Gallery, Londres

Exposé à l'Académie royale en 1856, accompagné de cette citation de Marlowe :

Coupée est la branche qui aurait pu grandir toute droite
Et brûlé est le rameau de laurier d'Apollon.

*Cut is the branch that might have grown full straight
And burned is Apollo's laurel bough.*

Chatterton était un jeune poète du XVIIIᵉ siècle qui se suicida. Wallis a peint ce tableau dans la mansarde où le poète est mort. Le modèle du personnage fut le romancier George Meredith, alors âgé d'environ 28 ans. Deux ans plus tard, Wallis s'enfuit avec la femme de Meredith, fille du romancier Thomas Love Peacock.

Henry Alexander Bowler (1824-1903)

Le Doute : « Ces ossements secs peuvent-ils vivre ? »

Exposé en 1855
Toile 61 × 51 cm
Tate Gallery, Londres

Exposé à l'Académie royale en 1855 et destiné à illustrer le poème de Tennyson intitulé *In Memoriam*, dont le thème est la foi religieuse assaillie par le doute. La réponse de l'artiste à ce titre de pure rhétorique est fournie par l'inscription du mot *Resurgam* (Nous ressusciterons) sur la dalle, sur laquelle on voit le bourgeon d'un châtaignier. Les victoriens étaient passionnés pour les tableaux de jeunes filles dans les cimetières, mais ce tableau est le seul qui tente de représenter sur toile les doutes religieux qui se cachaient sous les complaisances de cette moitié de l'ère victorienne. Bowler était surtout professeur d'art.

Michael Frederick Halliday (1822-1869)
La Mesure de l'alliance

Signé et daté de 1855
Toile 90 × 68 cm
Collection privée

Exposé à l'Académie royale en 1856. Halliday était l'ami intime de Holman Hunt et ils partagèrent le même atelier un certain temps. C'est le tableau le plus célèbre de Halliday, et on sait que Millais a aidé son ami à peindre le paysage en arrière-plan. Le ton général du tableau est similaire à certains sujets de rendez-vous traités par Arthur Hughes, comme *Amour d'avril*, qui fut d'ailleurs peint la même année.

Robert Braithwaite Martineau, *La Leçon d'écriture de Kit*, 1852.

affinités aussi bien avec Hughes qu'avec Madox Brown. Robert Braithwaite Martineau, autre ami et élève de Hunt, est maintenant très connu pour son *Dernier Jour dans la vieille maison* (p. 72). C'est l'un des tableaux victoriens ayant le plus d'intensité romantique, avec la combinaison des méthodes narratives de Frith et de l'approche moraliste de Holman Hunt. Martineau a peint plusieurs tableaux préraphaélites intéressants, comme *La Leçon d'écriture de Kit*, et pour un temps il partagea le même atelier avec Hunt et Halliday. Malheureusement, il est mort en 1869 à 43 ans, ce qui mit fin à une carrière qui s'annonçait prometteuse.

Richard Redgrave, lui aussi académicien et plus âgé que les préraphaélites, avait de la sympathie pour la confrérie. Dans les années 1840, il fut le pionnier des sujets sociaux traités en peinture, ce qui lui conféra un rôle important. Ses tableaux des gouvernantes et des couturières sont les précurseurs des sujets contemporains traités par les préraphaélites. On peut citer en particulier *Le Réveil de la conscience* de Hunt. Comme Dyce et Bowler, Redgrave était très impliqué dans l'enseignement et l'administration de l'art, et n'avait pas beaucoup de temps à consacrer à la peinture. Dans les années 1850, il continua à peindre occasionnellement, plaçant les sujets qui l'intéressaient dans un paysage préraphaélite. Un exemple remarquable de son œuvre de cette période est *Le Dernier Regard de l'émigrant sur sa maison* (p. 74), admirable tableau sur le thème de l'émigration, qui mériterait d'être aussi connu que *Le Dernier Regard sur l'Angleterre* de Brown (p. 11). Redgrave continua à peindre des paysages et des scènes campagnardes, mais aucun ne fut aussi beau.

Robert Braithwaite Martineau (1826-1869)

Dernier jour dans la vieille maison

Signé et daté de 1861
Toile 108 × 145 cm
Tate Gallery, Londres

Martineau était l'ami intime de Holman Hunt, et il
partagea l'intérêt de ce dernier pour les tableaux de la
vie contemporaine comportant un message moral. Ce
tableau montre un jeune aristocrate irréfléchi, qui a
tout perdu dans les courses de chevaux, buvant sa
dernière coupe de champagne dans la vieille maison
ancestrale. C'est l'un des exemples remarquables du
tableau victorien descriptif que l'on peut lire, et
regarder, comme un livre. Chaque objet dans la pièce a
une signification : le tableau où on voit des chevaux, les
numéros des lots des commissaires-priseurs, le
catalogue de la vente jeté à terre, le journal ouvert au
mot « Appartements », la vieille mère payant le
serviteur de la famille, qui en retour lui rend les clés.
L'observateur devient un détective rassemblant les
indices, cherchant à connaître l'identité des
personnages et à savoir ce qui se passe.

William Bell Scott (1811-1890)

Fer et charbon

Vers 1855-60
Toile 188 × 188 cm
Wallington Hall, Northumberland (National Trust)

C'est le dernier d'une série de huit tableaux peints par
Scott pour la décoration de la cour intérieure de
Wallington Hall, à Northumberland, et appartenant à
Sir Walter Trevelyan. Il représente la vie industrielle à
Tyneside à l'époque victorienne. Les personnages du
centre sont des forgerons, maniant des marteaux. A
leur côté, on voit le plan d'une locomotive, et au
premier plan la pompe à air d'un moteur marin, une
ancre ainsi qu'un obus et le tube d'un canon Armstrong
sur lequel une fillette est assise, tenant un livre d'école
et le déjeuner de son père. Derrière il y a un galibot,
portant une cravache et une lampe Davy, regardant le
quai mouvementé de Newcastle. En arrière-plan, plein
de mâts, de fumée et de fils télégraphiques, un train
passe sur le pont Stephenson's High Level. C'est l'un
des rares tableaux victoriens qui essaye de glorifier la
Révolution industrielle.

En province également, les préraphaélites firent des convertis. Liverpool fut leur plus important centre d'activité, ainsi qu'à Newcastle où ils eurent des adeptes, dont William Bell Scott, directeur de l'école gouvernementale de dessin et aussi poète. Rossetti lui écrivit une lettre d'admiration en 1847 et *The Germ* publia des poèmes écrits par Scott spécialement pour le magazine de la confrérie. En raison de son isolement à Newcastle, Scott ne fut jamais impliqué de près dans la confrérie, mais il en fut toujours une figure périphérique importante et ses peintures sont conformes aux idées préraphaélites. Son tableau le plus célèbre est *Fer et charbon* (ci-dessous), peint à Wellington, dans le Northumberland. De tous les tableaux victoriens contemporains, c'est l'un des plus intéressants par son originalité et aussi l'un des rares à suivre l'exemple du *Travail* de Brown. Scott était un peintre prolifique, un aquarelliste et un illustrateur. Il produisit de nombreux autres tableaux de genre et peignit aussi quelques beaux paysages. Il ne maîtrisa

jamais tout à fait la technique préraphaélite. C'était un grincheux et ses *Notes autobiographiques* (*Autobiographical Notes*), publiées en 1892, sont remplies de récriminations contre les autres artistes, qui avaient plus de succès. Cependant c'est Scott qui prodigua conseils et encouragements à James Leathart, collectionneur à Newcastle, l'incitant à acheter plusieurs œuvres préraphaélites

parmi les plus belles, établissant ainsi l'une des collections préraphaélites majeures.

En Écosse, l'adepte le plus notable des préraphaélites fut Sir Joseph Noel Paton. Étant passé par les écoles de l'Académie royale où il s'était lié d'amitié avec Millais, il avait adopté les objectifs et les idées de la confrérie. De retour en Écosse, Paton y mena une car-

Richard Redgrave (1804-1888)
Le Dernier Regard de l'émigrant sur sa maison

> Signé et daté de 1858
> Toile 69 × 99 cm
> Tate Gallery, Londres

Peint à Leith Hall, près d'Abinger, dans le Surrey, où Redgrave avait une maison, ce tableau a été exposé à l'Académie royale en 1859. Ruskin parla de la beauté de ce paysage, peint dans les couleurs éclatantes préraphaélites. Contrairement aux tableaux de la vie sociale des années 1840, comme *La Gouvernante*, le ton de celui-ci est dominé par le paysage plutôt que par la malheureuse famille d'émigrants forcés de le quitter.

Sir Joseph Noel Paton (1821-1901)
Le Rendez-vous de Bluidie

> Signé d'un monogramme et daté de 1855
> Toile 73 × 65 cm
> Glasgow Museum and Art Gallery

Cette histoire est tirée d'un poème écossais portant sur un amant tué par les neuf frères de la jeune fille qu'il avait déshonorée :

> Ils le tuèrent au Nine-Stone Rig, à la plate-forme
>   des neuf pierres
> A côté de la croix sans tête,
> Et le laissèrent baignant dans son sang,
> Dans le marais et la mousse.
> Ils creusèrent sa tombe mais à un pied de
>   profondeur seulement
> Au bord de Nine-Stone Burn,
> Et ils le couvrirent de fleurs de bruyère,
> De mousse et de fougère.

Sir Joseph Noel Paton
Hesperus

Signé et daté de 1857
Carton-pâte 91 × 69 cm
Glasgow Museum and Art Gallery

Un tableau très romantique d'amoureux arthuriens. Hesperus était un chevalier appelé « Étoile du soir » par Tennyson, mais dans *Mort d'Arthur*, c'est « *le grand chevalier de Sir Pertolope* », l'un des quatre frères qui gardaient l'entrée du « Château périlleux ». L'intérêt que portait Paton aux sujets arthuriens à ses débuts montre qu'il devait être en contact très proche avec les préraphaélites. Vers l'année 1857, Rossetti commença lui aussi à peindre des sujets tirés de *Mort d'Arthur*.

rière remarquée comme membre de l'Académie royale écossaise (Royal Scottish Academy) et comme « peintre-enlumineur de la reine pour l'Écosse » (*Queen's Limner for Scotland*), ce qui lui valut un titre de chevalerie. Dans les années 1850, il appuyait entièrement les idées préraphaélites, exécutant quelques tableaux remarquables comme *Le Rendez-vous de Bluidie* (p. 75) et *Hesperus* (p. 76). Ces deux tableaux sont très romantiques dans leur thème et montrent que Paton a tout à fait maîtrisé les techniques préraphaélites. C'était un homme de haute culture, ce qui explique l'étendue des sujets qu'il a traités. En plus des thèmes historiques et romantiques, il a également traité des contes de fées, pour lesquels il était célèbre, et aussi, à l'occasion, des sujets de son temps. Plus tard il se consacra de plus en plus à la peinture religieuse, dans un style plus monumental, qui lui valut davantage de popularité et de célébrité, bien plus que pour ses œuvres préraphaélites. Mais Paton reste encore aujourd'hui l'une des figures les plus intéressantes et les plus distinguées en marge du mouvement préraphaélite.

Liverpool était de loin la plus grande source de mécènes et de partisans des préraphaélites. C'est à l'académie de Liverpool, en 1851, que le tableau de Hunt *Valentin délivrant Sylvia* (p. 21) remporta le prix de 50 livres sterling. D'autres tableaux préraphaélites remportèrent le même prix quatre fois entre 1852 et 1858. Cela encouragea naturellement les préraphaélites à envoyer à Liverpool leurs meilleures œuvres et c'est ainsi que des hommes comme John Miller et George Rae, de Birkenhead, constituè-

A droite : **William Lindsay Windus**, *Trop tard*, 1858.

rent d'importantes collections. On vit naître là une véritable école d'adeptes préra-phaélites, dont le plus intéressant fut William Lindsay Windus. En 1856, son premier tableau préraphaélite *Burd Helen* (p. 79) fit l'objet de grands éloges par Ruskin et Rossetti. Malheureusement, son œuvre importante suivante, *Trop tard*, fut critiquée par Ruskin et d'autres, comme étant morbide et obscure. Cela, ajouté à la mort de sa femme, était trop pour le sensible Windus, qui détruisit la plus grande partie de son œuvre et toucha à peine le pinceau depuis. Parmi les autres artistes importants de Liverpool, on peut mentionner James Campbell, John Lee et William Huggins, qui furent tous influencés d'une façon ou d'une autre par les idées et les techniques préraphaélites. Il y eut un autre artiste, aujourd'hui presque complètement oublié, qui sympathisa avec les idées préraphaélites. C'est Thomas Wide, qui vécut à Preston, dans le Lancashire. Dans *Le Nettoyage de la tourbière*, Wide a utilisé les techniques et les idées préraphaélites, spécialement celles de Madox Brown. Liverpool fut aussi un grand centre pour les paysagistes préraphaélites, dont le plus célèbre est William Davis.

L'influence préraphaélite fut également considérable en Amérique, bien que ce fût là une affaire littéraire plus qu'artistique. L'exposition de l'art britannique à New York en 1857 comportait plusieurs tableaux préraphaélites et à partir de là quelques belles collections se constituèrent aux États-Unis. On connaît tout particulièrement celles de Charles Eliot Norton à Harvard et de Samuel Bancroft à Wimington, au Delaware. L'intérêt de Bancroft pour les peintures préraphaélites se révéla lorsqu'il en vit, à Manchester, une collection dans la maison d'une amie, Maria Spartali, célèbre beauté et élève de Rossetti. Elle avait épousé le journaliste américain William J. Stillman et son œuvre eut quelque influence sur les collectionneurs américains qui s'intéressèrent de plus en plus à l'art anglais durant la dernière période de l'ère victorienne.

William Lindsay Windus (1822-1907)
Burd Helen

Signé de ses initiales et daté de 1856
Toile 84 × 67 cm
Walker Art Gallery, Liverpool

Exposé à l'Académie royale en 1856, ce tableau a été généreusement loué par Rossetti et Ruskin. Il illustre une histoire tirée d'une ancienne ballade écossaise : une jeune fille qui court toute une journée à côté du cheval de son amoureux infidèle et, quand ils atteignent le Clyde, traverse cette rivière à la nage pour ne pas le perdre. Windus fut l'un des meilleurs artistes de Liverpool à subir l'influence des préraphaélites. Malheureusement, son tableau suivant, *Trop tard*, fut violemment attaqué par Ruskin, et Windus, qui était un névrosé, en fut si déprimé qu'il abandonna presque définitivement la peinture.

Thomas Wade, *Le Charroi de la tourbe* (sans date).

Le paysage préraphaélite

Dès le début, le paysage fut un élément essentiel du style préraphaélite. La détermination des préraphaélites à peindre avec fidélité et honnêteté, sans égard pour les conventions académiques ou la tradition, se reflète nettement dans leur approche de la peinture de paysage. Les plus importants représentants du paysage préraphaélite furent Hunt, Millais et Madox Brown. A eux trois, ils changèrent dans les années 1850 et 1860 toute l'orientation de la peinture de paysage anglaise. Rossetti s'y essaya, mais s'en lassa très vite. Il en résulta une division fondamentale dans la confrérie dès le tout début, Rossetti et ses partisans poursuivant les sujets romantiques, médiévaux, très éloignés de la vie quotidienne, et Hunt, Millais et leurs partisans se concentrant sur un plus grand réalisme et sur le naturalisme.

Bien que Ruskin ait ignoré les préraphaélites jusqu'en 1850, ses écrits avaient déjà exercé une forte influence sur eux. Holman Hunt, en particulier, découvrit *Les Peintres modernes* de Ruskin en 1847 et il écrivit plus tard que « *de tous ses lecteurs, aucun n'aurait pu ressentir comme moi que ce livre avait été écrit expressément pour lui* ». En commençant la rédaction de son livre, Ruskin voulait prendre la défense de Turner, mais dans le deuxième volume, publié en 1846, il l'élargit en une vaste étude de l'art européen. Il tenait surtout à prouver que l'art de Turner était plus fidèle à la nature que celui de n'importe lequel des maîtres anciens. Ruskin regardait la nature avec les yeux d'un botaniste et d'un géologue. La fidélité à la nature signifiait pour lui l'enregistrement minutieux du moindre détail, peint au plus haut degré de la perfection. Il fit l'éloge des primitifs italiens, comme Perugino, Fra Angelico, Pinturicchio, Giovanni Bellini « *et tous les hommes sérieux et aimants* ». En revanche, il dénonça les méthodes « *relâchées et vulgaires* » de Ribera, de Salvator Rosa et de Murillo. Il critiqua aussi vivement les peintres anglais ses contemporains pour leurs sujets, qu'il trouvait légers et d'exécution malhonnête. Dans un passage célèbre et souvent cité, Ruskin exhorte les jeunes artistes d'Angleterre « *à aller à la nature en toute sincérité de cœur et à lui demeurer fidèle, n'ayant d'autre pensée que de la comprendre le mieux possible et de suivre ses enseignements ; en ne rejetant rien, en ne sélectionnant rien, en ne méprisant rien, en croyant que toutes choses sont bonnes et justes et en puisant votre joie dans la vérité* ». Ruskin avait pour la nature le plus grand respect, fait à la fois de passion et d'un sens moral ; il croyait que c'est seulement en demeurant fidèle à la nature qu'un artiste peut créer un art vraiment noble et bon.

Les paroles de Ruskin trouvèrent leur meilleur écho chez Holman Hunt, le plus réfléchi et le plus sérieux des préraphaélites. En 1848, celui-ci communiqua son enthousiasme pour Ruskin à Millais et ils décidèrent tous deux de peindre leurs prochains tableaux d'après les tout nouveaux principes basés sur les idées de Ruskin. Et quels étaient exactement les principes de la peinture de paysage préraphaélite ? D'abord, rester entièrement fidèle à la nature, ce qu'on peut atteindre en peignant à l'extérieur, dans la lumière naturelle du jour. Ensuite, peindre dans des couleurs claires sur fond blanc avec le minimum d'ombres. Hunt résuma le tout par ces mots : « *Je me propose désormais de peindre un tableau en plein air, avec un avant-plan et un arrière-plan, renonçant tout à fait aux feuillages bruns, aux nuages enfumés et aux encoignures sombres, peignant l'extérieur dans sa totalité, directement sur la toile, dans tous les détails que je peux apercevoir, et l'éclat du soleil lui-même.* » Cette représentation microscopique, centimètre par centimètre, de chaque feuille et de chaque fleur était une méthode extraordinairement compliquée. Elle exigeait une patience et une détermination incroyables, et aussi une capacité de peindre à l'extérieur en tous temps. On a retrouvé des lettres et

William Holman Hunt
La Brebis égarée (Nos côtes anglaises)

Signé et daté de 1852
Toile 43 × 58 cm
Tate Gallery, Londres

Peint sur la côte sud à Fairlight, près de Hastings,
durant l'été et l'automne de 1852, et exposé à
l'Académie royale en 1853. Ce tableau avait été
initialement commandé comme une réplique de la
brebis que l'on voit en arrière-plan dans *Le Mauvais
Berger*, mais Hunt décida d'en faire un tableau distinct.
Ses couleurs vives et prismatiques en font le paysage le
plus remarquable de Hunt. On admira beaucoup ce
tableau à l'Exposition universelle de Paris en 1855.
Delacroix a noté dans son journal : « *Je suis vraiment
étonné du berger de Hunt.* »

des journaux intimes où les préraphaélites se plaignent des longues heures passées à
l'extérieur, torturés par la chaleur, le froid, la pluie, le vent ou les insectes. Dans ces
conditions, tout allait très lentement, et du travail de toute une journée il résultait parfois une petite superficie de quelques centimètres carrés. De cette technique découla
une accumulation impitoyable de détails surchargés au dépens de l'ensemble de la composition. Erreur commune chez les paysagistes préraphaélites, mais sacrifice qu'ils esti-
maient justifié dans leur croisade pour une plus grande vérité dans l'art. De nombreux
critiques soutenaient que traiter chaque centimètre d'une toile avec une égale importance était en soi contre nature, car l'œil humain, disaient-ils, est incapable d'englo-
ber autant de détails à la fois. Ils critiquaient aussi le manque d'ombre dans plusieurs
paysages préraphaélites. En fait, les coloris éclatants donnaient souvent aux tableaux
un aspect artificiel, comme s'ils étaient privés d'air. Et tout cela n'était certainement
pas une peinture réaliste, mais plutôt ce que nous appellerions, en termes du XXe siècle,
surréaliste. Mais pour l'époque c'était tout à fait nouveau et moderne, et les préraphaélites ont donné un choc salutaire à la peinture de paysage victorienne et nous ont
laissé quelques-uns des plus beaux paysages de l'art anglais.

Le premier tableau peint par Hunt d'après les nouveaux principes fut *Rienzi*. Il y a
reproduit tous les détails du paysage à partir de la nature, mais il y manque l'éclat de
l'arrière-plan de *Valentin délivrant Sylvia* (p. 21) et des *Druides* (p. 18). Dans ces deux
tableaux, en effet, Hunt avait commencé à peindre sur une surface humide, fraîche-

ment préparée chaque jour, ce qui donnait beaucoup plus d'éclat à ses couleurs. Millais allait se servir de la même technique dans *Ferdinand séduit par Ariel* et *La Fille du bûcheron* (p. 32), qui furent ses premiers essais de paysage préraphaélite. En mai 1851, Ruskin prit la défense des préraphaélites et, l'été suivant, Hunt et Millais partirent pour la campagne du Surrey afin de peindre les arrière-plans de paysage pour leurs prochains tableaux. Ceux-ci devaient être *Le Mauvais Berger* (p. 41) et *Ophélie* (p. 33), deux des plus remarquables parmi tous les paysages préraphaélites. Ce même été, Madox Brown travaillait sur le paysage de ses *Jolis Petits Agneaux* (p. 50). On peut donc dire que le paysage préraphaélite a atteint sa pleine maturité en 1851. Hunt écrivit qu'avec *Ophélie* « un nouvel art est né ».

Millais ne fut jamais un paysagiste pur. Il n'accordait de l'importance aux arrière-plans que pour l'ajustement des personnages et de l'action. Il observait très minutieusement les détails du paysage et s'en servait pour reproduire, en les accentuant, les émotions de ses personnages. Une technique qu'Arthur Hughes imitera et qu'on voit nettement chez Millais dans *Le Huguenot* et *Le Royaliste proscrit*, tous deux peints en 1852. Son dernier paysage – et celui qui porte la plus grande intensité préraphaélite – fut le décor rocheux dans son portrait de Ruskin. Après 1853, Millais continua à utiliser les couleurs éclatantes – caractéristique du préraphaélisme –, mais sa technique se délia. Ainsi, vus à distance, ses paysages paraissaient toujours préraphaélites, mais, en y regardant de près, on ne voyait pas la même minutie du détail que dans ses œuvres précédentes. Les exemples les plus remarquables de cette phase sont *Feuilles d'automne* (p. 38) et *La Jeune Fille aveugle* (p. 36). Cette tendance vers une technique plus fluide, on la retrouve aussi dans *Sir Isumbras* (p. 39) et *La Vallée de repos*. Millais, quand il eut renoncé au préraphaélisme, revint rarement à la peinture de paysage. S'il peignit encore quelques paysages montagneux comme dans *Octobre froid*, ce fut dans le style victorien conventionnel. Son frère, William Henry Millais, était un aquarelliste de talent, qui continua à peindre des paysages dans le style préraphaélite bien après que son frère John, plus célèbre que lui, avait abandonné les préraphaélites.

Holman Hunt aurait pu être le plus brillant paysagiste de la confrérie, mais, comme pour Millais, le paysage pur n'était pas ce qu'il préférait, accordant cependant une place essentielle au paysage en arrière-plan. On peut le voir dans *Le Berger stipendié* et dans *La Lumière du monde* (p. 43). Parmi les tableaux de cette catégorie, réalisés dans sa première période, *La Brebis égarée* (p. 81) est, peut-on dire, le plus beau. Ses couleurs sont même plus éclatantes que celles du *Mauvais Berger* et, si on considère ce tableau comme un exemple de la peinture préraphaélite de paysage anglais en plein soleil, il n'est rien qui lui soit égal. A travers chaque centimètre du tableau, Hunt a étudié l'effet de la lumière du soleil et de l'ombre tombant sur chaque élément séparément, même sur les veines des oreilles de la brebis. En examinant avec attention la laine de la brebis, on s'aperçoit qu'elle est formée de traits minuscules de différentes couleurs et que le reflet des couleurs, aux nuances bleues et violettes merveilleuses, sur les ombres dénote un sens de l'observation extraordinaire. Cette qualité, ajoutée à une description scientifique poussée, fait de ce tableau le plus minutieux de tous les paysages peints par Hunt. Ce tableau eut une grande influence sur tous les autres peintres qui tentaient d'imiter le style de paysage préraphaélite. Des critiques firent remarquer plus tard que les expériences que tentait Hunt avec la lumière et la couleur anticipaient celles que ferait plus tard la peinture française, particulièrement avec l'impressionnisme et le pointillisme. On admira beaucoup *La Brebis égarée* en France, mais il ne s'y créa pas, comme en Angleterre, une école d'adeptes préraphaélites.

Hunt continuait à utiliser des arrière-plans de paysage, mais après 1853, ses contributions les plus importantes dans ce domaine au style préraphaélite furent ses paysages du Moyen-Orient. Avec *Le Bouc émissaire* (p. 44), Hunt est devenu le premier artiste à appliquer les principes préraphaélites au paysage de la Terre sainte. Ce tableau est le plus extraordinaire et le plus mystérieux de tous les paysages préraphaélites, même si on n'y trouve pas la même minutie que dans *La Brebis égarée*. Et, comme Millais, Hunt avait commencé à élargir et à délier son style, tout en restant attaché à la lumière

Ford Madox Brown
Un après-midi d'automne anglais

Signé 1852-55
Toile ovale 72 × 135 cm
Birmingham City Museum and Art Gallery

Une vue de la fenêtre arrière de la maison de l'artiste à Hampstead, avec au loin Kenwood House et Highgate Church. Brown commença ce tableau en 1852, mais il y fit des retouches jusqu'en 1855. C'est un paysage en dehors des règles, simple, humain, qui reflète simplement et sans affectation une vue à partir d'une fenêtre londonienne. Et ce fut ce manque de prétention que Ruskin critiqua un jour, demandant à Brown pourquoi il avait choisi « un sujet aussi laid ». Et Brown lui répondit d'un air de défi : « Parce que je le vois de ma fenêtre arrière. »

et à la couleur. Dans *Le Bouc émissaire*, l'élément le plus important du paysage est le fond : les montagnes au-delà de la mer Morte. Hunt a choisi délibérément de peindre ces montagnes au coucher du soleil, ce qui leur a donné ces couleurs roses et pourpre foncé, accroissant encore plus l'atmosphère déjà morne et tourmentée du tableau. Il y a là une vision hallucinante intense dont seul Holman Hunt était capable et qu'on ne retrouve pas dans les paysages de Millais ou de Madox Brown. Quand il était au Moyen-Orient, Hunt a réalisé entre autres de remarquables paysages à l'aquarelle qui ont un peu de l'intensité du *Bouc émissaire*. Il en a peint aussi quelques-uns en Italie, mais là encore sa technique s'est déliée progressivement. Ruskin acheta une de ces aquarelles, *Coucher de soleil à Chimalditi*, qui lui rappelait l'œuvre de Turner. Au début des années 1870, Hunt abandonna la peinture des paysages graves, sauf pour certains arrière-plans, comme dans *Le Triomphe des innocents* (p. 104). Mais son rôle dans la montée du paysage préraphaélite fut crucial et son interprétation personnelle du paysage préraphaélite n'a plus jamais été égalée.

Ford Madox Brown fut le seul préraphaélite important à se consacrer au paysage pur. Il avait déjà peint quelques paysages dans les années 1840 avant de prendre contact avec la confrérie et, sous l'influence des préraphaélites, il peignit tous ses tableaux majeurs des années 1850 à l'extérieur. Le premier de la série fut *Les Jolis Petits Agneaux*. Et s'il a exécuté *Le Travail* (p. 49) et *Dernier Regard sur l'Angleterre* (p. 11) à l'extérieur, il n'a réservé dans ces deux peintures qu'une petite section au paysage en arrière-plan. Le plus important de ses paysages fut, et de loin, *Un après-midi d'automne anglais* (ci-dessus). Les effets grandioses ou dramatiques de la nature n'ont jamais intéressé Brown, et cela ressort bien de son choix du paysage : c'est la vue qu'il avait de sa fenêtre sur un faubourg. Tous les paysages de Brown ont ce même caractère d'intimité. Il les a peints honnêtement et directement parce qu'ils lui plaisaient. De tels paysages n'étaient certainement pas de ceux qui séduisaient Ruskin. Celui-ci demandait aux artistes de choisir des vues plus intéressantes et plus pittoresques. Mais Brown, tout en n'étant pas un paysagiste ruskinien, influença considérablement par ses paysages, quoique plus modestes, les autres paysagistes préraphaélites. Ce fut en particulier le cas pour Seddon, Brett et Hunt ainsi que les paysagistes de l'école de Liverpool, comme Daniel Alexander Williamson, William Davis et Thomas Wade. Brown a écrit que son intention dans *Un après-midi d'automne anglais* était de faire « *une transcription littérale du paysage autour de Londres* ». Il précisait que les deux personnages au premier plan n'étaient pas destinés à ajouter un intérêt romantique au tableau, mais seulement à conduire l'œil à l'intérieur du paysage. La forme elliptique de la toile est très inhabituelle et constitue l'un des essais les plus réussis de Brown dans cette forme. Les préraphaélites plaçaient leurs personnages sur un plateau au premier plan avec, derrière eux, une vue panoramique au loin, et cette disposition a été très largement imitée par d'autres paysagistes. De cette façon, le paysagiste préraphaélite pouvait se concentrer sur le paysage plutôt que sur le ciel, et combiner un premier plan détaillé avec un fond lointain. William Davis, paysagiste de Liverpool, a beaucoup pratiqué cette technique.

Dans les années 1850, Brown peignit plusieurs autres paysages. Il était plus accessible que les autres préraphaélites à la beauté de la nature, en particulier aux effets inhabituels des couleurs. En 1854, alors qu'il était à la campagne avec sa femme Emma, il fit un tour sur le toit d'un autobus par un temps merveilleux. « *La vue d'un champ de navets*, écrivit-il dans son journal, *nous fit pousser des exclamations de surprise, devant les splendides nuances émeraude.* » Ses journaux sont remplis de passages semblables, mais il se plaint aussi que « *ces petits paysages prennent beaucoup trop de temps à peindre pour qu'on puisse en profiter...* » Néanmoins, il ne pouvait cesser de les peindre. Parmi ses plus beaux paysages, on peut citer *Le Champ de foin* (1855) et *Walton-sur-Naze* (1860). Ils sont petits, sans prétention, mais admirables. Ce qui leur donne tant de fraîcheur, c'est la vision de la nature par un homme de la ville. Le paysage n'est pas du tout idéalisé, et il n'y a pas de campagnards ridicules aux apparences pittoresques. Au lieu de quoi, on aperçoit un ou deux victoriens de la classe moyenne faisant une courte promenade dans un coin ordinaire de la campagne anglaise.

Brown ne fut pas le seul artiste, plus âgé que les préraphaélites, à se convertir au paysage préraphaélite. On en citera trois autres ici : William Dyce, William Bell Scott et Edward Lear. Dyce a peint en 1857 son tableau de Titien jeune en riposte à la critique de Ruskin contre son précédent tableau, *Christabel*. Ruskin fut charmé du changement et il fit une longue analyse élogieuse du *Premier Essai en couleurs de Titien* (p. 60), commençant par ces mots : « *Bravo M. Dyce, et encore bravo.* » L'année suivante, Dyce peignit son paysage le plus célèbre, *La Baie de Pegwell* (p. 85), qu'il fit suivre en 1861 par le tableau du poète ecclésiastique du XVIIe siècle, *George Herbert à Bemerton*. Comme le *Titien*, ce tableau décrit un personnage historique placé dans un paysage minutieusement détaillé. Dyce a aussi peint plusieurs sujets bibliques placés dans les paysages des hautes montagnes d'Écosse, comme *L'Homme des douleurs*, ainsi que quelques vues du pays de Galles avec des personnages. Ces tableaux sont en général de taille petite ou moyenne et, pris dans leur ensemble, ils forment un ajout remarquable à la peinture de paysage préraphaélite. Ils ont tous une tendance aux couleurs grises et froides, mais leur gravité et leur netteté sans compromis méritent le respect. Bell Scott a peint, lui aussi, un certain nombre de paysages préraphaélites, surtout des couchers de soleil au bord de la mer. Sa série de peintures de l'histoire de la Northumbrie, à Wallington, comporte des paysages d'arrière-plan peints sur place. Dans l'une d'elles, on voit saint Cuthbert dans sa retraite aux îles Farne. Parmi les derniers tableaux de Scott, *Le Crépuscule* (p. 88) remporta le plus grand succès. Edward Lear, topographe et poète de l'absurde, se convertit lui aussi au paysage préraphaélite, ce qui ne manqua pas d'étonner. Lear fut tellement impressionné par *Le Mauvais Berger* qu'il demanda à Hunt, de quinze ans son cadet, de lui donner des leçons de peinture de paysage. Ensemble ils visitèrent Fairlight, près de Hastings, où Hunt peignit *La Brebis égarée* et Lear travailla sur son grand tableau *Carrières de Syracuse*. Lear se déclara alors « *PRB pour toujours* », mais son œuvre suivante montre qu'il s'éloigna du

Ford Madox Brown, *Walton-sur-Naze*, 1880.

William Dyce
**Pegwell Bay, Kent – Un souvenir du
5 octobre 1858**

1858-60

Toile 62 × 88 cm

Tate Gallery, Londres

Peint pendant des vacances que Dyce passa avec sa
famille à Ramsgate, dans le Kent, en 1858, mais exposé
seulement en 1860 à l'Académie royale. On aperçoit la
comète Donati, qui était visible en 1858. Les
personnages du premier plan sont le fils et la femme de
Dyce ainsi que les deux sœurs de sa femme. C'est un
paysage préraphaélite sans aucun compromis, et c'est
pourquoi on l'a souvent comparé à une photographie.
Il est cependant improbable que Dyce ait utilisé le
procédé de la photographie. Bien que le paysage soit
sévère et plutôt pâle, et que les personnages soient
étrangement mélancoliques, ce tableau a toujours été
l'un des plus populaires parmi les tableaux de paysages
de tout le XIXᵉ siècle.

style préraphaélite vers une conception du paysage plus vaste et monumentale, en utilisant une technique plus large.

Holman Hunt eut aussi un autre disciple plus jeune que lui en la personne de Thomas Seddon. Celui-ci accompagna Hunt à son premier voyage en Terre sainte en
1853-54. Il y retourna en 1856 mais mourut en route au Caire. Seddon a peint très
peu de tableaux, presque tous du Moyen-Orient, dont le plus connu est *Jérusalem et
la vallée de Josaphat* (p. 87). Bien que la stature de Seddon en tant qu'artiste n'égalait pas du tout celle de Hunt, ses paysages sont intéressants parce qu'ils sont les seuls
paysages préraphaélites purs de l'Orient, sans contenu narratif pour la plupart. Seddon tint une exposition de ses œuvres à Londres en 1855 et une autre fut organisée,
en 1857, après sa mort. Ruskin parla favorablement des deux expositions, louant l'approche honnête et factuelle du paysage oriental. En raison de sa mort prématurée,
on a considéré Seddon comme l'unique paysagiste pur, mais s'il avait vécu plus longtemps, il se serait presque certainement éloigné du paysage préraphaélite, comme
l'ont fait beaucoup d'autres artistes. William J. Webbe fut encore plus obscur. Dans
une évidente émulation avec Holman Hunt, il a peint entre 1853 et 1864 quelques
œuvres préraphaélites. Ce sont surtout des études de brebis et d'autres animaux placés parmi des feuillages détaillés comme au microscope. En 1862, il visita lui aussi
la Terre sainte. Son tableau intitulé *Crépuscule* (p. 93) est sa seule œuvre connue qui
ait une certaine originalité par la combinaison d'un sujet sinistre et d'une obsession
presque hallucinatoire du détail.

Les noms de John Brett et de John William Inchbold peuvent très bien être liés car ces deux artistes ont souffert tous deux de l'influence funeste de Ruskin. Inchbold était né à Leeds en 1830 et s'était converti au paysage préraphaélite vers 1852. Son premier tableau important fut *La Chapelle de Bolton*, exposé à l'Académie royale en 1853. En 1855, il le fit suivre de *Une étude en mars*, généralement connu sous le nom de *A l'orée du printemps* (p. 89), l'une de ses œuvres les plus belles et les plus fameuses. En exposant ses premiers tableaux, Inchbold les accompagnait de citations de Wordsworth, poète fréquemment mentionné par Ruskin dans *Peintres modernes*. Ruskin et Inchbold se rencontrèrent vers 1854 et, dans ses *Notes d'Académie*, Ruskin loue régulièrement les tableaux d'Inchbold pour leur précision du détail. Il encouragea également Inchbold à visiter la Suisse et tous deux se rencontrèrent dans les Alpes durant l'été 1858. Ruskin fut déçu par les œuvres alpines d'Inchbold et lui fit tout un sermon. Il écrivit à son père : « *Je pense avoir enfin réussi à le mettre mal à l'aise et honteux de lui-même et je l'ai quitté.* » Inchbold s'obstina à peindre *Le Lac de Lucerne*, tableau d'un paysage suisse inoubliable. Il continua à peindre des paysages préraphaélites, qui étaient souvent des vues de champs de bruyère plutôt mornes. Mais il fit aussi quelques beaux paysages du Devon et des Cornouailles. Il visita également Venise et l'Espagne, et adopta graduellement un style plus large, comme tant d'autres préraphaélites. Ses dernières œuvres n'ont pas la qualité de celles des années 1850. Inchbold était tout le temps harcelé par des ennuis financiers. D'un caractère plutôt morose, il n'était pas assez fort pour faire face aux critiques de Ruskin. Il encouragea cependant John Atkinson Grimshaw, lui aussi de Leeds, vers la peinture de paysage préraphaélite. Grimshaw est maintenant plus connu pour ses scènes des quais portuaires et ses paysages au clair de lune, mais dans les années 1860 il passa par sa période de peinture de paysages préraphaélites. Il a laissé plusieurs œuvres très belles, exécutées dans un style proche de celui d'Inchbold mais généralement d'un coloris plus éclatant.

Inchbold fut encore responsable de la conversion de John Brett. Les deux hommes s'étaient rencontrés en 1856 en Suisse, où Inchbold travaillait à son *Jungfrau vu de Wengern Alp* et Brett peignait *Le Glacier de Rosenlaui*. Cette rencontre fut une révélation pour Brett, qui termina son *Glacier* dans un style ruskinien impeccable. Ruskin fit l'éloge du tableau suivant de Brett, *Le Casseur de pierres* (p. 65), accroché à l'exposition de l'Académie royale de 1853, et il exhorta l'artiste à aller peindre le Val d'Aoste. Brett obéit respectueusement et il revit Ruskin en Italie l'été suivant. Une fois de plus, Ruskin s'efforça de mettre ce nouvel élève sur les rails, mais il découvrit que Brett était fait d'une matière plus rigide. Il écrivit à son père : « *Il est plus dur et plus fort que Inch-*

Edward Lear, étude pour *Carrières de Syracuse*, 1847.

Thomas B. Seddon (1821-1856)
Jérusalem et la vallée de Josaphat vues
de la colline du mauvais conseil

1854
Toile au haut arqué 67 × 83 cm
Tate Gallery, Londres

Seddon accompagna Holman Hunt en Terre sainte
en 1853-54 et ce tableau de paysage est le plus célèbre
de ceux qu'il en rapporta. C'est encore un des meilleurs
exemples de l'attention que les préraphaélites portaient
au détail lorsqu'ils peignaient en plein soleil.
Cependant, Seddon n'était pas un artiste aussi
accompli que Hunt ou Madox Brown et ses couleurs
ont plutôt tendance à être pâles et dures. Seddon est
mort au Caire en 1856 et ses œuvres sont très rares.

*bold et il faut le marteler davantage. Mais je pense qu'il devient plus pitoyable de jour en
jour et j'ai bon espoir de le rendre complètement misérable dans un jour ou deux...* » De
cet effort naquit *Le Val d'Aoste* (p. 91), le paysage ruskinien le plus parfait. C'est du
moins ce qu'on aurait pu penser. Mais Ruskin n'en fut pas satisfait, surtout, disait-il,
parce que Brett avait choisi un paysage manquant de grandeur. Peut-être Ruskin avait-
il réalisé enfin que la grandeur romantique et le détail factuel n'étaient pas compatibles
et qu'un paysage entièrement ruskinien était une impossibilité, car en 1859 il abandonna ses *Notes d'Académie* et cessa d'encourager les jeunes artistes. Il acheta – à
contrecœur – *Le Val d'Aoste* et, comme s'il reconnaissait une erreur, le revendit immédiatement. Seize ans plus tard, en 1875, Ruskin devait reprendre ses *Notes d'Académie*
et il critiqua alors ce qu'il considérait comme le déclin de l'art de Brett. Ce qui était
fort injuste, car Brett accordait toujours la plus grande minutie aux détails, réussis-
sant quelques beaux tableaux, comme *Florence vue de Bellosguardo* (1862-63) et *L'Etna
vu des hauteurs de Taormina* (1870-71). Pour le reste de sa longue carrière, Brett se
consacra à la peinture de scènes côtières, à bord de son yacht qui le promenait autour
des îles Britanniques. Dans ses petits croquis charmants, on retrouve encore les effets
préraphaélites du coloris et du détail. Mais c'est grâce à ses grandes marines que Brett
acquit la plus grande célébrité. Dans cette catégorie, son *Royaume d'Angleterre* fut

acheté par le Chantrey Bequest (legs Chantrey) en 1880 et, l'année suivante, il fut élu membre associé de l'Académie royale, devenant ainsi le seul préraphaélite après Millais à obtenir cet honneur. La sœur de Brett, Rosa Brett, exécuta elle aussi un petit nombre de tableaux de fleurs et de paysages aux détails minutieux.

Beaucoup d'autres amis ou associés des préraphaélites ont peint occasionnellement des paysages. Il y avait parmi eux Alice Boyd, propriétaire de Penkill Castle et amie de Rossetti et de Bell Scott, et Michael Frederick Halliday, qui partagea un moment l'atelier de Holman Hunt. Ruskin lui-même était un bon dessinateur et aqua-relliste, et il faut reconnaître qu'il apporta par ses propres œuvres une contribution de poids au mouvement. Autre passionné de pré-raphaélisme, John Wharlton Bunney était un artiste porté vers le pathétique. Il passa six ans à peindre un tableau de Saint-Marc de Venise. Un jour, Whistler « l'incorrigible » se glissa derrière Bun-ney sur la place Saint-Marc et lui accrocha au dos un carton où on lisait : « *Je suis complètement aveugle.* » D'une certaine manière, cette plaisanterie cruelle mais drôle semblait à propos, car tant de dévotion servile aux principes préraphaélites ne pouvait mener qu'à l'absurdité. George Price Boyce, auteur d'un journal et ami de

William Bell Scott

Le Crépuscule – un jardin de presbytère
dans le Berwickshire

Signé, 1862
Toile 33 × 48 cm
Collection E.J. McCormick

Bien qu'il ait vécu à Newcastle-on-Tyne, Scott était l'ami de Rossetti, et resta en contact avec lui et plusieurs autres artistes préraphaélites. Pendant les années 1860, il a peint plusieurs paysages préraphaélites, dont de nombreux couchers de soleil. Scott s'intéressa aussi à l'art allemand et ses paysages montrent l'influence de peintres romantiques, tel Caspar David Friedrich.

John William Inchbold (1830-1888)

Une étude en mars (A l'orée du printemps)

Vers 1855
Toile 51 × 34 cm
Ashmolean Museum, Oxford

Exposé à l'Académie royale en 1855 avec une citation de Wordsworth : « *Quand la primevère perce pour donner un avant-goût du printemps* ». Dans le premier volume de *Peintres modernes (Modern Painters)*, Ruskin fit l'éloge de Wordsworth pour son souci du détail naturel, et Inchbold lui-même écrivit des sonnets inspirés du style de Wordsworth. La plupart de ses premiers paysages contiennent une quantité étonnante de détails de premier plan auxquels l'arrière-plan est subordonné.

Rossetti, a peint quelques belles aquarelles de paysages dans le style préraphaélite. James Smetham, autre disciple de Rossetti, s'essaya lui aussi aux paysages préraphaélites, mais son nom est surtout attaché à une autre œuvre, plus visionnaire, dans la tradition de John Linnell et de Samuel Palmer. Smetham était un homme profondément religieux et c'est ce qui a pu provoquer sa crise de dépression en 1857 et finalement sa folie. Il tenta, dans l'un de ses carnets de notes, d'illustrer chacun des versets de la Bible. Thomas Matthews Rooke aussi peignit des paysages, généralement en aquarelle, et fut chargé par Ruskin de peindre de vieux édifices en France, en Suisse et en Italie. Les œuvres de Joseph Noel Paton sont pleines de détails de paysages préraphaélites, surtout dans *Le Rendez-vous de Bluidie* (p. 75), mais son frère, Waller Hugh Paton, était un bien meilleur paysagiste, aussi bien en huile qu'en aquarelle. La liste des autres jeunes paysagistes qui flirtèrent brièvement avec le préraphaélisme et s'en éloignèrent est sans fin, et on en découvre tout le temps. Plusieurs, comme John Mulcaster Carrick, Edward Charles Booth et John Samuel Raven, sont mentionnés en quelques mots dans les *Notes d'Académie* de Ruskin. On peut encore citer Charles Napier Hemy, Henry W. Banks Davis, Andrew MacCallum et George Hastings. Enfin, on peut également reconnaître le détail préraphaélite dans certaines des premières œuvres de Benjamin William Leader et de Sydney Richard Percy.

C'est à Liverpool que se trouvait la plus grande concentration de paysagistes préraphaélites. Dans cette ville, en effet, les tableaux préraphaélites avaient remporté

John Brett
Le Val d'Aoste

Signé et daté de 1858
Toile 88 × 68 cm
Sir Francis Cooper, Bt.

Après le succès du *Casseur de pierres*, Brett suivit le conseil de Ruskin : « *Que ne ferait-il des bosquets de châtaigners du Val d'Aoste !* » – et il partit pour l'Italie. Fait surprenant, Brett choisit pour son tableau un coin plutôt insignifiant du Val d'Aoste, au lieu de s'arrêter à Matterhorn ou au mont Blanc. Bien que le résultat ait été un paysage du genre ruskinien le plus extrême, Ruskin en fit l'éloge, mais en des termes plutôt réservés, à l'exposition de l'Académie royale de 1859. Tout en reconnaissant que c'était un vrai « paysage historique », notant le fait avec une complète honnêteté, il regretta que ce fût là « *l'œuvre d'un miroir, non d'un homme* ».

plusieurs prix à l'académie locale et avaient influé profondément sur de nombreux artistes du Lancashire. Si, dans le cas de William Lindsay Windus, cet effet ne fut pas heureux, il révéla au moins un autre peintre paysagiste remarquable, William Davis. Son tableau *Hale, Lancashire* (ci-dessous) est l'exemple même du sujet sans prétention combiné au rendu littéral du détail, qu'on retrouve d'ailleurs dans la plupart de ses tableaux. Ruskin critiqua Davis pour n'avoir pas choisi des sujets plus intéressants, mais la plupart des peintres de Liverpool semblaient préférer le style plus modeste et plus simple de Madox Brown. Daniel Alexander Williamson et Thomas Wade peignirent tous deux dans un style semblable à celui de Brown. Parmi les autres paysagistes renommés de Liverpool se trouvaient John Edward Newton, Henry Mark Anthony, William Joseph Bond, Frederick Clive Newcombe et John Wright Oakes. Il y avait aussi un certain nombre de bons aquarellistes, et en particulier Alfred William Hunt.

Dans les années 1860 et 1870, le style préraphaélite de la peinture de paysage perdit graduellement de sa popularité, en partie parce qu'il était élaboré à l'excès et trop long à exécuter, et en partie à cause des nouveaux courants venus du continent, représentés d'abord par les œuvres de Jules Bastien-Lepage, puis par l'impressionnisme et plus tard le post-impressionnisme. La querelle entre l'ancien style et le nouveau accapara l'actualité en 1877 avec le célèbre procès de Whistler contre Ruskin. En 1885, Whistler prononça sa fameuse « Leçon de 10 h » dans laquelle il tournait en ridicule les principes ruskiniens du paysage naturaliste : « *Dire au peintre que la nature doit être prise telle quelle, c'est dire au pianiste qu'il doit s'asseoir sur le piano.* » Vu sous l'angle de la tradition du paysage anglais, comme l'avaient conçu Constable, Turner et David Cox, le paysage préraphaélite est une aberration. En rompant complètement avec la

William Davis (1812-1873)
Hale, Lancashire

Signé de ses initiales, vers 1860
Toile 33 × 50 cm
Walker Art Gallery, Liverpool

Davis était l'un des plus intéressants paysagistes de Liverpool à subir l'influence des préraphaélites. C'était un artiste timide et plutôt malchanceux, qui fut presque entièrement soutenu par John Miller, mécène de Liverpool. Ses paysages modestes mais très bien décrits furent admirés par Rossetti et Madox Brown. Rossetti les porta à l'attention de Ruskin, qui écrivit à Davis une lettre lui donnant des conseils, mais malheureusement Davis ne reçut jamais cette lettre. Ruskin suggérait que Davis choisisse des sujets plus intéressants.

William J. Webbe (fl. 1853-1878)
Crépuscule

Signé et gravé avec le titre
Toile 91 × 91 cm
Collection privée

On sait très peu de chose sur la vie de Webbe, mais la plupart de ses tableaux portent sur des moutons et montrent l'influence de Holman Hunt. Cet extraordinaire tableau prouve qu'il pouvait aussi peindre des sujets sortis de sa propre imagination.

tradition, et en insistant sur un réalisme total, il se condamnait à une impasse. Néanmoins il a une importance historique car il constitue l'un des effets secondaires les plus intéressants du mouvement préraphaélite.

Les dernières années

La seconde phase – Le préraphaélisme et le mouvement esthétique

En 1853, la confrérie originelle fut dissoute et, sept ans après, la première phase du mouvement préraphaélite prenait fin. Au début 1860, Ruskin s'arrêta d'écrire ses *Notes d'Académie* dans lesquelles il prenait la défense de ses amis et protégés, ce qu'il avait cessé de faire. Il avait déjà dénoncé les changements dans l'art de Millais et il allait plus tard se quereller avec Rossetti. Les encouragements qu'il avait prodigués à Inchbold et à Brett n'avaient pas réussi à créer une école cohérente de paysagistes préraphaélites. Néanmoins, Ruskin resta fidèle aux principes de la confrérie des années 1850 et il eut de moins en moins de sympathie pour les divers courants des vingt années suivantes. Tout cela devait mener, en 1877, à son attaque notoire contre Whistler et au procès en diffamation que celui-ci lui intenta. Ruskin gagna la bataille, mais il perdit la guerre et sa réputation en subit un dommage irréparable. Le seul préraphaélite avec lequel il resta toujours en bons termes fut Hunt, devenu un personnage très respecté et une figure prestigieuse. Hunt demeura lui aussi, jusqu'à sa mort en 1910, fidèle aux principes préraphaélites d'origine et n'adhéra jamais à l'Académie royale, contrairement à Millais qui en devint le président peu de temps avant sa mort en 1896.

La seconde phase du mouvement préraphaélite commença vraiment avec l'association de trois artistes – Rossetti, William Morris et Edward Burne-Jones. Sous leur influence conjointe, le mouvement reçut un nouvel élan et une nouvelle direction, le portant loin au-delà de la peinture, dans presque tous les aspects de la vie artistique victorienne : mobilier, arts décoratifs, architecture et décoration d'intérieur, design et illustration de livres, et même littérature. Pour le restant du siècle, le préraphaélisme allait faire partie de la manière de vivre anglaise. Joseph Comyns Carr, un des fondateurs de Grosvenor Gallery, a écrit : « *Même dans les années soixante-dix, quand je me suis lancé activement dans l'étude de la peinture, l'esprit troublé de l'art anglais palpitait encore au message que la confrérie préraphaélite avait lancé plus de vingt ans auparavant.* »

Les années 1860 furent une période d'intense fermentation artistique et intellectuelle, dont émergea le mouvement esthétique, qui devait façonner la peinture anglaise jusqu'à la fin du siècle. Ce nouvel élément changea complètement le cours du préraphaélisme car le mouvement esthétique était, par sa nature même, éclectique et il puisait son inspiration à des sources très diverses. Le préraphaélisme était un élément, mais non le seul, du mouvement esthétique, et c'est pourquoi la seconde phase du mouvement préraphaélite est beaucoup plus complexe que la première. Au début, la figure dominante fut cette fois encore Rossetti, mais lorsque, dans les années 1870, sa santé commença à décliner, la direction passa à Burne-Jones. Celui-ci avait finalement triomphé, avec l'ouverture en 1877 de Grosvenor Gallery, où on l'acclama comme l'artiste moderne anglais numéro un. Le style de Burne-Jones était une fusion très personnelle des éléments préraphaélites, italiens et classiques. Lui-même ne se considérait pas comme le leader du mouvement esthétique, dont les représentants les plus extrêmes furent Whistler, Swinburne et Walter Pater. Burne-Jones resta fidèle au style romantique – façon Rossetti – du préraphaélisme. Même vers la fin de sa vie, dans les années 1890, il peignait encore les histoires tirées de *Mort d'Arthur*, qu'il chérissait. Il eut une influence considérable sur les autres artistes anglais et fut le seul des peintres victoriens à jouir d'une réputation internationale durant sa vie. Il engendra toute une génération de partisans dont les plus connus sont John Melhuish Strudwick, Evelyn de Morgan, Spencer-Stanhope et Sydney Harold Meteyard. On devait retrouver les échos de son œuvre chez Aubrey Beardsley et chez plusieurs autres illustrateurs des années 1890, et il faut souligner que quelques-uns des derniers préraphaélites romantiques,

Max Beerbohm, Ruskin, Rossetti et Fanny Cornforth.

En haut : **Albert Joseph Moore**, *La Mi-été*, 1887.
En bas : **Sir Lawrence Alma-Tadema**, *Les Thermes de Caracalla*, 1899.

tels que Waterhouse, Byam Shaw et Cadogan Cowper, ont porté l'influence de Burne-Jones bien avant dans le xxᵉ siècle.

Durant cette même décennie 1860, et parallèlement au mouvement esthétique et à l'action de Burne-Jones, on assista à la naissance d'un autre mouvement, qui se mit en opposition directe avec le préraphaélisme. Ce fut le mouvement classique dont les principaux représentants étaient Frederick Leighton, George Frederick Watts, Edward John Poynter et Lawrence Alma-Tadema. Leighton et Watts avaient suivi brièvement les idées préraphaélites dans les années 1850, mais Leighton s'y opposa ouvertement à la décennie suivante. Il voulait ramener l'art anglais à son héritage européen, classique, et lorsqu'il accéda à la présidence de l'Académie royale en 1878, le monde de l'art anglais se scinda en deux camps, l'Académie soutenant les artistes classiques et plus traditionnels, et le Grosvenor représentant Burne-Jones, Whistler et les éléments plus progressistes du mouvement esthétique. Mais Leighton était lui aussi un grand esthète victorien, tout à fait de son temps. A vrai dire, le mouvement classique n'était qu'un aspect différent du mouvement esthétique. Burne-Jones et Leighton représentaient les tendances – romantique et classique – de la même philosophie esthétique. Tous deux rêvaient des Grands Victoriens, l'un d'Avalon, l'autre de Parnasse. Dans l'œuvre de plusieurs artistes de la dernière période victorienne, les éléments préraphaélites, classiques et esthétiques se fondent à des degrés divers, et il n'est pas facile de les séparer. Dans l'œuvre d'Albert Moore par exemple, il y a un mélange subtil de classicisme et d'esthétisme dont la définition est malaisée. Et pour compliquer davantage les choses, beaucoup de gens considèrent encore Moore comme un préraphaélite, ce qu'il n'était certainement pas. Pour sa part, Simeon Solomon était préraphaélite et partisan de Rossetti et de Burne-Jones et, malgré cela, on trouve dans son œuvre des éléments classiques et esthétiques, mêlés à l'histoire et au rituel juifs, sujets qui l'intéressaient spécialement. Ce personnage des années 1860 est l'illustration parfaite du degré de complexité que le préraphaélisme avait atteint alors. En fait, la deuxième phase du mouvement préraphaélite fait partie d'une époque artistique excessivement riche et éclectique. On cite beaucoup ces paroles que prononça Henry James en 1877 à propos des œuvres de Burne-Jones : « *C'est l'art de la culture, de la réflexion, du luxe intellectuel, du raffinement esthétique, dépeints par des gens qui observaient le monde et la vie non pas directement, dans toute leur réalité accidentelle, mais à travers les reflets et les descriptions d'agrément qu'en donnaient la littérature, la poésie, l'histoire et l'érudition.* » Le préraphaélisme fut une expression de la riche floraison de la civilisation victorienne vers sa fin, une époque qui allait bientôt être emportée pour toujours par les forces destructrices du modernisme et de la Grande Guerre.

Le préraphaélite tragique – Rossetti et ses dernières œuvres

La dernière partie de la carrière de Rossetti constitue elle aussi un des chapitres étranges et tragiques dont l'histoire préraphaélite est remplie. Après la mort d'Elizabeth Siddal en 1862, Rossetti était devenu un homme tourmenté. Il s'était déplacé de Chatham Place à Tudor House, vaste hôtel particulier du XVIIIᵉ siècle situé sur la Tamise à Chelsea, mais cela ne suffit pas à exorciser le passé. Torturé par le remords et l'insomnie, il devenait de plus en plus dépendant du chloral et de l'alcool. Le désordre bohème de sa maison et son style de vie font partie de la légende préraphaélite. Plusieurs amis de Rossetti séjournèrent là, dont le poète Algernon Swinburne et l'auteur George Meredith. Les modèles venaient et partaient, dont plusieurs devinrent les maîtresses de Rossetti, en particulier Fanny Cornforth, femme vulgaire et cupide, avec laquelle il eut pendant des années une liaison complaisante. Il y eut aussi le sinistre Charles Howell, un coquin extraordinaire qui devint l'agent et le marchand non officiel de Rossetti. La maison était remplie de vieux meubles anglais, de porcelaines de Chine bleu et blanc et d'un bric-à-brac infini que Rossetti ramassait dans des friperies. La maison et le jardin grouillaient d'animaux de compagnie – hiboux, wombats, petits kangourous, perroquets, paons et même, un moment, un taureau brahmane dont les yeux lui rappelaient Jane Morris. Cette excentricité augmentait avec les années.

Rossetti vivait en reclus, ne voyant que quelques amis proches et ses mécènes. Après la virulente attaque que lui porta Robert Buchanan dans son célèbre pamphlet *L'École sensuelle de la poésie* (*The FLeshly School of Poetry*, 1871), Rossetti a souffert de la folie de la persécution et a même tenté de se suicider l'année suivante. Mais, malgré tout, c'était toujours un homme spirituel, intelligent, fascinant, et il ensorcela plusieurs artistes plus jeunes. On savait que les réunions à Tudor House se passaient en conversations agréables, en échanges d'idées stimulantes, et en réjouissances entre gens intéressants. Tudor House resta dans les années 1860 le foyer de développements artistiques vitaux.

Quant à Rossetti lui-même, son génie créateur n'était pas du tout épuisé. Il continua à peindre et à écrire pendant les vingt dernières années de sa vie et c'est seulement sa longue maladie fatale qui l'empêcha de travailler. Son tableau célèbre *Beata Beatrix* (p. 97), dédié à la mémoire d'Elizabeth Siddal, montre la nouvelle orientation que prenait son art. Au lieu des petites aquarelles très intenses des années 1850, il peignait désormais à l'huile et sur une plus grande dimension. *Beata Beatrix* fut son premier personnage féminin en buste. A partir de là, la femme allait devenir le thème central de ses œuvres. *Beata Beatrix* est devenu l'un des portraits préraphaélites les plus célèbres, et il le mérite car c'est certainement l'un des tableaux les plus remarquables du siècle passé. Dans ce tableau, la peinture, la poésie et la douleur personnelle se combinent de manière singulièrement puissante et intense, et le tableau vibre d'émotion. En le regardant, il est impossible de ne pas être remué. Rossetti n'a peint qu'un seul autre sujet tiré de Dante ; c'est le *Rêve de Dante* en 1871, inspiré d'une aquarelle beaucoup plus ancienne. Il abandonna aussi complètement les sujets arthuriens et tennysoniens, et il n'y eut plus dans son art qu'un unique sujet : la femme. Rossetti était le poète de l'amour, le peintre de l'amour, et il n'y eut pas de plus grand adorateur de la beauté féminine dans la peinture anglaise.

Mais il y avait d'autres raisons à ce changement de style de Rossetti. Toujours au courant des tendances artistiques des années 1860, Rossetti y était très sensible. Quelques-unes de ses petites aquarelles de la fin des années 1850, comme *Le Cabinet bleu*, préfigurent l'intérêt esthétique qu'on portera bientôt pour les sujets musicaux qu'allaient explorer Whistler et Albert Moore. Rossetti suivait de près l'œuvre de ses contemporains plus jeunes et, dans les années 1860, il peignit quelques sujets classiques et même, à l'occasion, des femmes nues. Il entra aussi dans la vogue de la peinture de la Renaissance italienne, et ses tableaux de femmes doivent visiblement beaucoup à des portraitistes vénitiens tels que Titien, Giorgione et Palma Giovane. Cette évolution

Dante Gabriel Rossetti
Beata Beatrix

Signé d'un monogramme, 1864-70
Toile 86 × 66 cm
Tate Gallery, Londres

Peint comme un mémorial en souvenir d'Elizabeth Siddal, femme de Rossetti, morte en 1862. En fait, Rossetti avait commencé ce tableau plusieurs années auparavant, mais il le reprit en 1864 et le termina vers 1870. C'est l'un de ses tableaux symbolistes les plus intensément visionnaires, et il marque une nouvelle orientation de son art. Une fois de plus, voilà un tableau qui rappelle la mort de Béatrice dans la *Vita Nuova* de Dante. Béatrice est dans un état de transe quasi mortel, pendant qu'un oiseau, messager de mort, laisse tomber un coquelicot dans ses mains. A l'arrière-plan, les personnages de l'Amour et de Dante se regardent fixement. Derrière eux, on aperçoit vaguement le Ponte Vecchio et le Dôme de Florence.

A gauche : **Dante Gabriel Rossetti**, *Le Songe de Dante*, 1871.
Ci-dessous : *Proserpine*, 1877.

96

du style de Rossetti est très nette dans ses deux tableaux de 1872 : *Berceau de verdure dans un pré* (p. 99) et *Veronica Veronese* (p. 100). Une même sensualité rêveuse se répand dans ces deux tableaux aux magnifiques couleurs exotiques. Les modèles sont conformes au type classique de Rossetti : bouches boudeuses, expressions désenchantées et longs cheveux ondulés. Ces tableaux furent extrêmement populaires auprès des protecteurs de Rossetti, en particulier les hommes d'affaires du nord, et aucune collection importante de Birmingham, Liverpool ou Manchester n'était complète si elle n'en possédait pas au moins un.

Il y eut une femme dont le nom est inséparable de celui de Rossetti pendant les dernières années de sa vie. C'est Jane Morris. Née Jane Burden, elle était la femme de William Morris, ancien élève et protégé de Rossetti. Ce mariage n'avait pas été heureux et, pendant les années 1860, Jane et Rossetti trouvèrent une consolation croissante dans leur compagnie réciproque. Entre 1871 et 1874, Rossetti et les Morris habitèrent la même demeure à Kelmscott Manor, dans l'Oxfordshire. William Morris s'absentait fréquemment, à l'étranger ou loin de chez lui. Rossetti et Jane passaient alors de longs moments ensemble. Ce fut un amour mélancolique, désespéré et certainement l'une des plus étranges liaisons entre un artiste et son modèle dans l'histoire de l'art. Bernard Shaw disait de Jane Morris : « *C'est la femme la plus silencieuse que j'ai jamais rencontrée.* » Et comme, dans les années 1870, la santé physique et mentale de Rossetti déclinait, son amour et sa dépendance envers Jane devinrent obsessionnels. Autrefois, il avait immortalisé Lizzie Siddal, maintenant, il allait immortaliser Jane Morris. Il la dessinait et la peignait continuellement. Sans cesse il fixait sur la toile le visage de son amour. Jane était la femme fatale de sa vie autant que de son art. Les photographies que Rossetti prit d'elle dans son jardin montrent qu'elle était vraiment comme Rossetti l'a peinte. La masse de ses cheveux noirs ondulés, les yeux tristes, la courbe de la bouche, le cou en colonne, tout est là. Rossetti n'a fait que développer et accentuer ces traits. Des nom-

Dante Gabriel Rossetti
Berceau de verdure dans un pré

Signé et daté de 1872
Toile 85 × 67 cm
Manchester City Art Gallery

Les modèles des deux jeunes filles au premier plan étaient Maria Stillman (elle-même peintre) et Alexa Wilding. Les riches couleurs et le ton langoureux de cette peinture sont représentatifs de l'œuvre de Rossetti à cette période. Le paysage en arrière-plan fut à l'origine peint en novembre 1850 à Knole, près de Sevenoaks, dans le Kent, pour un tableau de *Dante et Béatrice au Paradis*.

A gauche : **Dante Gabriel Rossetti**, Jane Morris dans une étude pour *Rêverie*, 1878.
Ci-dessous : Une photographie de Jane Morris par Rossetti.

breux tableaux de Jane réalisés par Rossetti, aucun n'est plus remarquable que la grande peinture qu'il a appelée *Astarte Syriaca* (p. 102). Son éclairage irréel, ses couleurs blafardes, l'air de profonde mélancolie et d'ardent désir reflètent l'univers fermé et exclusif de leur amour. On a comparé ce tableau à une icône, on l'a qualifié d'hymne à la beauté féminine. Il s'en dégage en effet un sentiment de profonde dévotion généralement réservé à l'art religieux. Même pour ceux qui sont familiers avec l'art préraphaélite, les œuvres de Rossetti ont un caractère étrange et une sensualité obsessionnelle uniques dans l'art anglais. Ses admirateurs et ses partisans, très nombreux, tentèrent d'imiter son style, mais aucun n'y réussit. Ses vrais descendants furent les symbolistes et les peintres décadents « fin de siècle » ; ses représentations monstrueuses de femmes tristes sont les ancêtres directs des interminables femmes fatales de l'Art nouveau. Parmi ses dernières œuvres, *La Demoiselle bienheureuse* (p. 103)

lui avait été commandée en 1871, mais il ne l'acheva qu'en 1879. Cette fois, son modèle fut Alexa Wilding et, bien qu'il manque dans ce tableau l'atmosphère obsessionnelle d'*Astarte Syriaca*, c'est l'une des œuvres les plus riches et les plus décoratives de la fin de sa vie. Et tout naturellement, ce tableau illustre le poème au même titre que Rossetti publia dans *The Germ* un jour lointain de 1850.

En 1878, commença le déclin, triste et lent, de Rossetti. Devenu presque complètement invalide, il s'arrêta de peindre et d'écrire. Il consommait de façon effrayante les calmants et autres médicaments. En 1880, il avoua au romancier Thomas Hall Caine, qui deviendra son biographe, qu'il prenait chaque jour 180 grains de chloral (un grain équivaut à 0,0648 g), mélangés dans du whisky sec. Finalement la mort l'emporta, paralysé et partiellement sourd. Il n'avait que 54 ans. Ce fut une triste fin pour le seul génie vraiment original du mouvement préraphaélite.

Dante Gabriel Rossetti
Veronica Veronese

Signé et daté de 1872
Toile 109 × 89 cm
Collection Bancroft. Wilmington Society of Fine Arts,
Delaware

Ce fut une fois encore Alexa Wilding, l'un des modèles préférés de Rossetti, qui posa pour ce tableau, peint en 1872 pour F.R. Leyland. A cette occasion, Rossetti écrivit à Leyland : « *La jeune fille est dans une espèce de rêverie passionnée, elle passe sa main avec nonchalance sur les cordes d'un violon accroché au mur, tandis que de l'autre main elle tient l'archet, comme si tout à coup une pensée l'avait arrêtée alors qu'elle allait commencer à jouer. Sur le plan des couleurs, je ferai de ce tableau une étude des variétés de vert.* »

Dante Gabriel Rossetti, *Le Cabinet bleu*, 1857.

Dante Gabriel Rossetti
Astarte Syriaca

Signé et daté de 1877
Toile 183 × 107 cm
Manchester City Art Gallery

L'un des plus grands et des plus extraordinaires tableaux de Rossetti. On y voit Jane Morris représentée sous les traits de Vénus Astarté, avec deux servantes portant des torches. C'est une composition pleine de tension et de maniérisme, aux couleurs ardentes, profondes et mystérieuses. Cette œuvre symbolise très exactement la déesse de l'amour préraphaélite telle que se l'imaginait Rossetti. Celui-ci a d'ailleurs écrit un poème pour la décrire et dont voici la fin :

Ce visage, tout entier pénétré de charme
Amulette, talisman et oracle,
Entre le soleil et la lune, un mystère.

That face, of Love's all-penetrative spell
Amulet, talisman and oracle –
Betwixt the sun and moon a mystery.

Dante Gabriel Rossetti
La Demoiselle bienheureuse

Toile 174 × 94 cm, avec une prédelle
Fogg Museum of Art, Harvard University

Une illustration du poème de Rossetti qui a le
même titre et qui commence ainsi :

La demoiselle bienheureuse se pencha
De la barre dorée du ciel ;
Ses yeux étaient plus profonds que la profondeur
Des eaux immobilisées du soir ;
Elle tenait trois lys à la main,
Et sur ses cheveux il y avait sept étoiles.

The blessed damozel leaned out
From the gold bar of Heaven ;
Her eyes were deeper than the depth
Of waters stilled at even ;
She had three lilies in her hand,
And the stars in her hair were seven.

Le préraphaélite fidèle – Holman Hunt

Entre-temps, Holman Hunt, le vieil ami et collègue de Rossetti, suivait une voie tout à fait personnelle. Lui allait vivre jusqu'à un âge très avancé et devenir, du temps même de son vivant, beaucoup plus célèbre que ne le fut jamais Rossetti. Cela est dû principalement à sa réputation de peintre de sujets religieux sérieux. Et son nom fut porté partout grâce aux gravures et peintures innombrables tirées de son œuvre. De tous les membres de la confrérie originelle, Hunt fut le seul à rester fidèle à ses principes et, dans ses derniers tableaux, il développait encore les idées qu'il avait formulées à ses débuts. En dépit des difficultés qu'il rencontra toujours sur le plan technique, Hunt travaillait avec acharnement sur ses tableaux, passant parfois plusieurs années pour les terminer. Il fut le premier préraphaélite à écrire une histoire du préraphaélisme. Son *Préraphaélisme et la confrérie préraphaélite* (*Pre-Raphaelitism and the Pre-Raphaelite Brotherhood*) fut publié en 1905. Même si Hunt essaya d'en retirer une trop grande gloire pour lui-même, c'est quand même une des rares sources d'information de première main sur la confrérie.

Le tableau *Isabella et le pot de basilic* (p. 105) de 1867 montre le mûrissement du style de Hunt. Comme *La Découverte du Sauveur au temple* (p. 45), ce tableau est une composition très travaillée, bourrée de détails. Ici, l'intérêt de Hunt pour le Moyen-Orient se reflète dans plusieurs accessoires, spécialement le prie-Dieu au premier plan. Le sujet est tiré de Keats, l'un des poètes favoris de la confrérie, et rappelle *La Veille de la Sainte-Agnès*, tableau également de Hunt, peint quelque vingt ans auparavant, en 1848. Le personnage d'Isabella est le portrait de sa première femme. Hunt devait utiliser la technique élaborée et robuste, très nette dans ce tableau, pour peindre des portraits d'amis et de relations dans les années 1860 et 1870.

Hunt retourna en Terre sainte de 1869 à 1872 et c'est à l'occasion de ce voyage que naquit la genèse de ses deux dernières grandes peintures religieuses, *L'Ombre de la mort* (p. 107) et *Le Triomphe des innocents* (ci-dessous). Ces deux tableaux, qui l'occupèrent

William Holman Hunt
Le Triomphe des innocents

Signé et daté de 76-87
Huile sur toile de lin 157 × 248 cm
Walker Art Gallery, Liverpool

C'est le deuxième et le plus ambitieux des tableaux bibliques réalisés par Hunt dans les années 1870 et 1880. Il l'avait commencé à Jérusalem lors de son voyage au Moyen-Orient en 1869-72 et le continua à son troisième voyage en 1875-78. Le sujet est un curieux mélange de réalité et d'allégorie. Il représente la Sainte Famille, fuyant de nuit en Égypte. Marie et Joseph avaient vu en songe les esprits des enfants tués lors du massacre des Innocents, et qui flottaient sous forme d'étranges auras humides, symbolisant les courants de la vie éternelle. Ce symbolisme va plus loin avec les bulles, ou « globes aériens », comme les appelait Hunt, et dans lesquelles se reflètent diverses allégories bibliques symbolisant le millénaire juif. Le tableau ne fut terminé qu'en 1887. Entre-temps, Hunt en avait fait une réplique qui se trouve maintenant au Tate Gallery. Ruskin le qualifia de « *la plus grande peinture religieuse de notre temps* », mais un disciple préraphaélite de Hunt, George Stephens, critiqua son « étrange mélange de réel et d'irréel », qu'il trouvait « *plein de contradictions et d'embarras* », estimant que le tableau était « *un grand échec* ».

William Holman Hunt
Isabella et le pot de basilic

Signé et daté de Florence, 1867
Toile 185 × 113 cm
Laing Art Gallery, Newcastle

Commencé comme un portrait de
la première femme de Hunt,
Fanny Waugh, qui mourut à
Florence en 1866, ce tableau fut
terminé à Londres en 1867 ou
1868. Le sujet est tiré d'*Isabella* de
Keats, une des sources préférées
de Hunt pour des thèmes
littéraires. Le prie-Dieu marqueté
appartenait à l'artiste, qui avait
rassemblé dans son atelier une
vaste collection d'objets du Moyen-
Orient et d'ailleurs et s'en servait
fréquemment dans ses peintures.

pendant près de vingt ans, consolidèrent sa réputation en tant qu'artiste religieux le plus grand d'Angleterre. On trouve encore aujourd'hui des gravures et des reproductions de ces tableaux dans les églises, les écoles, les universités, partout dans le monde. Grâce à son immense stature, on accueillait toujours ses œuvres religieuses par une critique au moins polie. Une franche critique aurait passé presque pour une profanation, spécialement en tenant compte de toute la peine que l'artiste se donnait pour exécuter son œuvre. Mais pour nous, cent ans plus tard, il n'est pas facile de trouver ces tableaux artistiquement satisfaisants. Impressionnants certes, mais la peinture de la face et du corps de Jésus dans *L'Ombre de la mort* est rude, sans attrait, et fondamentalement à l'opposé du style très réaliste de l'artiste. Et même la solidité de son modelage fait penser au caractère oppressant du mobilier victorien de la pire espèce.

Les peintures religieuses de Hunt sont des symboles de la foi victorienne. Elles paraissent à nos yeux sceptiques du XXe siècle trop élaborées, trop sentimentales, et elles évoquent trop la religiosité victorienne et un charlatanisme contre lequel nous nous sommes révoltés délibérément. Mais la réputation de Hunt peut reposer en toute sécurité sur sa dernière œuvre, *La Dame de Shalott* (p. 108).

Comme Burne-Jones devait le faire lui aussi dans les années 1890, Hunt revient dans ce tableau aux thèmes tennysoniens romantiques de sa jeunesse, réalisant là son plus grand chef-d'œuvre, qui est aussi une image préraphaélite clé. Dans cette peinture merveilleuse, le symbolisme élaboré de Hunt, la richesse d'ornementation et le personnage tourbillonnant, style Art nouveau, du modèle aux cheveux roux se combinent avec bonheur pour produire une composition puissante et saisissante. On aurait souhaité voir Hunt peindre davantage de tableaux comme celui-ci, et moins de peintures religieuses. Mais l'ardeur morale de Hunt et sa foi religieuse sont les éléments clés de son caractère et, si le but de la confrérie était de peindre des tableaux possédant un vaste attrait populaire, Hunt a été le seul à atteindre ce but. De n'importe quelle façon qu'on considère le préraphaélisme, il faut donner à Hunt le même rang qu'à Rossetti et à Millais, même s'il lui manquait l'imagination de l'un et le talent naturel de l'autre. A sa manière propre, Hunt fut un artiste complet sur le plan individuel et sur celui de l'originalité, avec une haute vision personnelle. Son art doit être considéré comme l'une des plus remarquables réalisations de la peinture anglaise du XIXe siècle.

William Holman Hunt
L'Ombre de la mort

Signé d'un monogramme et daté de Jérusalem, 1870-73
Toile 212 × 166 cm
Manchester City Art Gallery

C'est le premier tableau biblique important que Hunt fit à la suite de son second voyage en Terre sainte en 1869-72. Hunt l'avait commencé à Bethléem, dans l'atelier d'un charpentier, et il eut beaucoup de mal à reproduire dans leur authenticité historique tous les détails des outils comme de l'atelier. Ensuite, il continua à peindre sur la terrasse d'une maison de Jérusalem, pour s'assurer des effets de la lumière du plein soleil. Le tableau ne fut terminé qu'en 1873, année où il fut acheté par Agnews, de Londres, et exposé. On publia une longue brochure expliquant le sujet, en particulier l'attitude du Christ, qui s'étire après le travail dans l'atelier, préfiguration inconsciente de la crucifixion, que sa mère voit dans son ombre sur le mur. Les critiques furent respectueuses et favorables, et le tableau fit le tour d'Oxford et du nord de l'Angleterre avec succès.

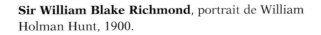

Sir William Blake Richmond, portrait de William Holman Hunt, 1900.

William Holman Hunt
La Dame de Shalott

Signé de 1886-1905
Toile 188 × 146 cm
Wadsworth Athenaeum, Hartford, Connecticut

Le dernier et le plus grand des tableaux préraphaélites de Hunt, commencé en 1886 et achevé seulement en 1905, à l'époque où sa vue commençait à baisser. Le tableau représente le moment fatal où Lady Shalott, agitant sa tapisserie, voit dans le miroir le reflet de Sir Lancelot et regarde par la fenêtre interdite vers le monde extérieur, brisant ainsi son serment. Le motif remonte à l'illustration réalisée par Hunt pour une œuvre de Tennyson éditée par Moxon (1857), et même à un précédent dessin datant de 1850. Hunt a voulu faire de ce tableau un conte élaboré représentant le conflit entre les forces du bien et celles du mal, et on voit à l'arrière-plan des reliefs représentant la Vierge et l'Enfant, Hercule dans le jardin des Hespérides et une frise de chérubins. Pour les cheveux du personnage, Hunt prit pour modèle ceux d'une certaine Mrs Amelia Milnes et il lui fallut trois ans pour les terminer. On les drapa par-dessus un chevalet pour obtenir l'effet de coup de vent voulu par Hunt.

Le palais de l'Art – William Morris et Edward Burne-Jones

C'est à Oxford, la plus médiévale des villes anglaises, que Morris et Burne-Jones se rencontrèrent pour la première fois. Ils avaient l'intention tous les deux de faire des études pour entrer au service de l'Église. Ce n'était donc pas une coïncidence si tous les deux eurent le même but, celui de ramener l'art et le dessin anglais à l'esprit du Moyen Age. Morris allait devenir célèbre en tant que concepteur et décorateur, Burne-Jones comme peintre, et leur collaboration artistique tout au long de leur vie fait vraiment partie de l'histoire préraphaélite.

Par leur physique et leurs caractères, les deux hommes auraient pu difficilement être plus différents. Burne-Jones était grand, mince, sensible et replié sur lui-même. Morris était trapu, violent, turbulent et énergique ; il était barbu et avait les cheveux noirs frisés. Leurs origines étaient très différentes aussi. Burne-Jones était le fils d'un encadreur et doreur de Birmingham ; le père de Morris était un riche homme d'affaires de Londres. Mais dès qu'il s'agissait d'art, de littérature et des opinions sur la vie, Ned et Topsy, comme ils s'appelaient l'un l'autre, découvrirent très vite qu'ils étaient des âmes sœurs. Après leurs premières rencontres à Exeter College en 1853, ils devinrent rapidement le noyau d'un groupe de jeunes gens idéalistes et au cœur généreux, unis par leur enthousiasme pour la poésie, le Moyen Age et l'architecture gothique ainsi que par leur haine de la révolution industrielle, du matérialisme, des trains, bref de tout ce que créa le XIXᵉ siècle. Ils lisaient Keats, Shelley, Tennyson et surtout Chaucer. Par la suite, ils découvrirent *Mort d'Arthur* de Malory, qui allait avoir la plus grande influence sur le tracé de leurs carrières artistiques. Parmi les écrivains modernes de leur temps, ils admiraient Carlyle et, bien sûr, Ruskin. C'est justement en lisant Ruskin qu'ils eurent connaissance de l'existence de la confrérie préraphaélite. Ils eurent aussi l'occasion, chez Thomas Combe à Oxford, de voir pour la première fois des œuvres de Millais, Hunt et Rossetti. Ce fut l'aquarelle de Rossetti *Dante dessinant un ange* (p. 25) qui fit la plus forte impression sur les deux jeunes étudiants d'Oxford. Dès le début, ce fut l'aspect romantique, médiéval du préraphaélisme qui les attira, et Rossetti devint donc leur héros.

En 1855, le temps vint pour Morris et Burne-Jones de quitter Oxford. Après un voyage à travers le nord de la France où ils visitèrent les églises et les cathédrales médiévales, ils décidèrent tous les deux de consacrer leur vie aux arts, Morris à l'architecture, Burne-Jones à la peinture. Morris entra dans le bureau de l'architecte George Edmund Street, et Burne-Jones rencontra Rossetti au Working Men's College (école pour travailleurs) et devint son élève. Plus tard, Morris et Burne-Jones allèrent habiter sur Red Lion Square les chambres qui avaient été occupées par Rossetti et Deverell aux jours historiques du PRB. Rossetti encouragea Morris à devenir peintre mais il découvrit vite que celui-ci avait peu d'aptitude pour la peinture. Ce qui fut important pour Morris à l'époque, c'est qu'il commença à Red Lion Square à créer son propre mobilier... *des tables et des chaises ressemblant à des incubes et des succubes »*, comme Rossetti le dira plus tard. Rossetti et Burne-Jones se mirent à recouvrir plusieurs de ces pièces de peintures de scènes médiévales. Avec l'aide de Rossetti, Burne-Jones obtint sa première commande pour la création de vitraux.

C'est dans ce contexte que prit place en 1857 l'épisode des murals d'Oxford. Ce devait être le dernier – et le plus heureux – effort de groupe mené par les préraphaélites depuis l'époque de la confrérie. *« Comme nous nous sommes divertis ! Que de plaisanteries ! Que d'éclats de rire ! »* se rappellera le peintre Val Prinsep. Rossetti *« était la planète autour de laquelle nous tournions... Nous imitions exactement sa manière de parler. Pour nous toutes les jolies femmes étaient "des filles du tonnerre". Les wombats étaient les plus belles créatures de Dieu. Le médiévisme était notre beau idéal et nous avions coulé notre individualité dans la forte personnalité de notre Gabriel adoré. »* Ensemble ils peignirent dix scènes de *Mort d'Arthur* ; Morris choisit d'illustrer *Sir Palomides regardant Tristan et Iseult*. Prinsep a noté que la peinture des personnages était pauvre et maladroite, mais que l'arrière-fond de feuilles et de fleurs convenait mieux aux talents de Morris. Malheureusement, aujourd'hui, les murals ne sont même plus l'ombre de ce qu'ils devaient être en ce joyeux été préraphaélite de 1857.

L'épisode d'Oxford eut une autre conséquence importante pour Morris. C'est à cette occasion qu'il rencontra la belle Jane Burden, dont il tomba amoureux. Lui-même et Rossetti firent des dessins de cette nouvelle et merveilleuse « fille du tonnerre » qui semblait personnifier le type de la beauté romantique, médiévale qu'ils cherchaient. Elle fut le modèle de Morris pour son unique tableau à l'huile que l'on connaisse : *La Reine Guinevere* (p. 111). Ils se marièrent l'année suivante. Mais ce mariage allait à l'encontre des conventions victoriennes et il devait finir par être malheureux. Jane était la fille d'un garçon d'écurie et les parents de Morris n'approuvaient pas cette union. Mais la situation concordait avec les idées de Morris sur la chevalerie du Moyen Age. Plusieurs artistes victoriens ont eux aussi épousé des filles loin en dessous de leur propre classe sociale. Et Morris était financièrement indépendant et libre de faire ce qu'il voulait. Aussi le jeune couple décida-t-il d'en faire à sa tête. Il leur fallait avant tout construire leur chez-soi où tout devait être créé et fait par eux-mêmes et par leurs amis. Cette maison allait devenir la célèbre Red House (Maison Rouge) située à Bexley, dans le Kent, et dont le plan fut conçu par Richard Webb. C'était leur « palais de l'Art », un temple dont Jane était la grande prêtresse. Trouvant que tout ce qui était sur le marché était laid et mal conçu, Morris, Burne-Jones et leurs amis se mirent à créer tout eux-mêmes – mobilier, tapis, tapisseries, vitraux et ouvrages de métal.

De toute cette activité et à travers l'enthousiasme et l'énergie prodigieuse de Morris, naquit « La Firme ». Fondée sous le nom de Morris, Marshall, Faulkner and Company, elle s'était installée à ses débuts, en 1861, à Red Lion Square. Elle changea rapidement de nom pour s'appeler tout simplement Morris and Company, ou encore « La Firme ». Les plus importants concepteurs du groupe étaient Morris et Burne-Jones, mais presque tous les membres du cercle préraphaélite étaient impliqués : Madox Brown, Arthur Hughes, William de Morgan (celui-ci était en charge de la poterie et des tuiles peintes) ainsi que plusieurs autres. La contribution la plus importante de Morris au préraphaélisme fut d'avoir engagé tous ces artistes dans ce travail de création et de décoration. Cette façon de faire allait devenir l'une des doctrines essentielles du mouvement esthétique. Et quasiment tous les jeunes artistes des années 1860 gagnèrent au début leur vie en produisant des œuvres décoratives. Comme l'architecte Thomas Graham Jackson devait l'écrire en 1873, « *désormais, au lieu d'architectes, de peintres et de sculpteurs, ayons des artistes* ». La plus importante partie des affaires de la Firme était constituée par la création de vitraux, mais il y eut aussi de belles tapisseries, des papiers muraux, des carreaux peints, de la poterie, des bijoux et des objets de métal. Au sommet de tout cela, Morris présidait en poète prolifique et ses premiers livres de poésies, *La Défense de Guinevere* (*The Defence of Guinevere*, 1858) et *Le Paradis terrestre* (*The Earthly Paradise*, 1868-70), eurent un succès populaire considérable. Presque à lui tout seul, ce remarquable dynamo d'homme, un véritable érudit victorien, a révolutionné le goût anglais. Sa fameuse maxime – « *Chez vous, ne gardez rien dont vous ne connaîtriez l'utilité ou que vous considéreriez comme laid* » – changea complètement l'attitude des Anglais à l'égard de la décoration intérieure. Elle devait être le cri de combat du mouvement des Arts et métiers.

La Firme fut un succès, mais Morris fut désenchanté à la pensée qu'il ne travaillait que pour les riches. Les gens ordinaires ne pouvaient acheter ce qu'il vendait. En conséquence, il ne trouva rien de mieux que d'embrasser le socialisme, comme Ruskin. Il s'y lança dans les années 1880, avec son énergie coutumière, mais cela aussi se termina dans l'amertume et le désenchantement. A la fin de sa vie, il chercha la consolation dans l'impression de livres et fonda le Kelmscott Press. Burne-Jones et lui, de nouveau réunis, conçurent

William Morris (1834-1896)
La Reine Guinevere (La Belle Iseult)

1858
Toile 71 × 51 cm
Tate Gallery, Londres

Peint en 1858 alors que Morris travaillait sur les fresques de l'Oxford Union. C'est le portrait de Jane Burden, qu'il devait épouser l'année suivante. On a raconté que, pendant qu'il travaillait sur ce portrait, Morris écrivit sur le dessin : « *Je ne peux pas te peindre, mais je t'aime* », et le lui montra. Rossetti encouragea Morris à continuer à peindre, mais ce tableau est le seul à lui avoir survécu.

Max Beerbohm, « Topsy et Ned Jones assis sur la banquette à Red Lion Square ».

quelques-uns des plus beaux livres jamais imprimés et finalement, en 1896, l'année de la mort de Morris, ils créèrent *Chaucer* de Kelmscott, qui est sans conteste l'une des plus grandes réalisations du préraphaélisme et que Yeats a qualifié de « *plus beau livre du monde* ».

Edward Burne-Jones (1833-1898)

Avec Burne-Jones nous arrivons au peintre le plus important de la seconde génération des préraphaélites, l'un des artistes anglais majeurs du XIXe siècle. De son vivant même, la renommée de Burne-Jones avait dépassé les frontières de son pays. De nos jours, Burne-Jones est de nouveau célèbre et associé d'une manière ineffaçable dans l'esprit du public à l'atmosphère romantique et détachée de ce monde qui a marqué le préraphaélisme de la dernière période. On a parlé plus haut de son amitié et de son association artistique, tout au long de sa vie, avec William Morris ; maintenant, il est opportun de parler de sa propre carrière comme peintre.

Burne-Jones était d'origine humble, il était né dans une famille de la classe moyenne de Birmingham. Sa mère mourut une semaine après sa naissance ; il fut donc inévitablement un enfant solitaire et introverti. Il commença à dessiner très jeune, mais son imagination était façonnée surtout par la littérature : Shakespeare, Homère, la mythologie grecque et les poètes romantiques comme Byron, Scott, Keats et Coleridge. Quand il se mit à peindre, l'univers de la poésie romantique allait colorer toute sa vision de l'art. Ses tableaux étaient remplis de chevaliers « *pâles et flânant seuls* », de jolies demoiselles en détresse et de « *belles dames sans merci* ». L'écrivain catholique John Henry Newman eut également beaucoup d'influence sur le caractère de Burne-Jones. Celui-ci écrivit un jour que Newman lui avait appris « *beaucoup de choses qui m'importent maintenant et que je conserverai toujours ; à l'époque des sofas et des coussins, il m'a appris à être indifférent au confort ; en ce temps de matérialisme, il m'a appris à m'aventurer dans le monde invisible* ». Burne-Jones était parti pour Oxford dans l'intention d'entrer dans les ordres. Il ne devint pas ecclésiastique, il ne fréquentait pas l'église régulièrement, mais il continuait à penser que la vie religieuse est la forme de vie la meilleure et la plus élevée. Il transposa ses idéaux religieux dans ses idéaux artistiques. La beauté était sa déesse et il en était le disciple. Pour lui, beauté était synonyme de vérité et de bonté ; c'était son saint Graal. « *Seule la beauté est vraie*, écrit-il ; *elle adoucit, réconforte, inspire, émeut, élève, ne défaille jamais et ne déçoit jamais.* » Burne-Jones avait pour l'art une espèce de ferveur missionnaire, qu'il garda jusqu'à la fin de sa vie. Cet homme était un moraliste du milieu de l'époque victorienne, sérieux, sincère, voulant améliorer le sort de l'humanité et laisser le monde dans un meilleur état qu'il ne l'avait trouvé. On le considérait comme le maître de l'école esthétique, mais lui n'a jamais accepté vraiment la philosophie esthétique selon laquelle l'art existe seulement pour l'amour de l'art, sans aucun autre but.

Dès leur arrivée à Oxford, Burne-Jones et Morris avaient été rapidement déçus par l'atmosphère religieuse qui y régnait. Ils furent pris d'une passion presque mystique pour l'art et la littérature du Moyen Age. Ils envisagèrent même de former un ordre consacré au service de Sir Galahad. Vers 1855, ils découvrirent le livre qui allait avoir sur Burne-Jones une influence plus grande que n'importe quel autre écrit. C'était *Mort d'Arthur* de Sir Thomas Malory. Les légendes du roi Arthur et de la Table ronde émurent immédiatement et profondément le côté romantique et poétique du caractère de Burne-Jones. Leur beauté et leur mystère l'attirèrent aussi parce que c'étaient des légendes chrétiennes, préoccupées par la lutte entre le bien et le mal, entre le péché et le salut. Comme beaucoup de victoriens ayant perdu la foi, Burne-Jones croyait cependant passionnément aux vertus chrétiennes. De plus, les histoires de Malory parlaient d'amour romantique et courtois et de l'esprit de chevalerie. Tout cela frappait profondément l'imagination victorienne. Burne-Jones allait peindre aussi des sujets religieux et classiques, mais son imagination fut toujours emportée dans les légendes arthuriennes, et cela jusqu'à la fin de sa vie. Un an ou deux avant de mourir, il écrivait : « *Seigneur, comme cette histoire du saint Graal est toujours présente dans*

La première page du *Chaucer* de Kelmscott, 1896.

George Howard, Burne-Jones dessinant, vers 1875.

Sir Edward Burne-Jones (1833-1898)
Sidonia von Bork

Signé et daté de 1860
Gouache 84 × 43 cm
Tate Gallery, Londres

L'une des plus belles aquarelles des débuts de Burne-Jones, peinte alors qu'il était encore très influencé par Rossetti. Le sujet est tiré de *Sidonie la Sorcière*, publié en 1847. On y parle d'une sorcière de haute naissance mais cruelle, Sidonia von Bork, dont les hommes tombaient amoureux en raison de sa beauté fatale. Rossetti et son cercle admirèrent beaucoup le livre, et Morris le fit réimprimer par Kelmscott Press en 1893. On voit ici Sidonia complotant son prochain crime à la cour de la duchesse douairière de Wolgast, qu'on voit à droite. Le design de la robe a été inspiré du *Portrait d'Isabella d'Este* de Giulio Romano, à Hampton Court, ajoutant un ton nettement menaçant et sinistre.

mon esprit et mes pensées !... Y a-t-il jamais eu dans le monde quelque chose d'aussi beau ? »

Ce fut également en 1855 que Morris et Burne-Jones découvrirent les peintures des préraphaélites. C'était dans la maison de Thomas Combe, éditeur à Oxford. Plus tard cette année-là, ils parcoururent ensemble le nord de la France, visitant les églises et les cathédrales du Moyen Age. Ils assistèrent à la grand-messe dans la cathédrale de Beauvais et le spectacle fut pour eux une expérience particulièrement émouvante, et, sur le chemin du retour, ils décidèrent tous les deux de consacrer leur vie à l'art. « *Ce fut la nuit la plus mémorable de ma vie* », écrivit Burne-Jones. De retour à Londres, le problème fut de savoir comment trouver le moyen de rencontrer leur héros, Rossetti. « *J'avais vingt-deux ans, écrira-t-il plus tard, et je n'avais jamais rencontré, ni même vu, un peintre. Je ne connaissais personne qui en ait vu, ni même qui ait été dans l'atelier d'un peintre, et le seul parmi tous les hommes vivants que je voulais voir c'était Rossetti.* » Il alla l'écouter à une conférence au Working Men's College, le rencontra et obtint de visiter l'atelier de l'artiste. Rossetti trouva que « *ce jeune Ned Jones était l'un des plus gentils compagnons au pays des rêves* » et accepta de le prendre sous sa direction. Burne-Jones devait rester l'élève de Rossetti environ deux ans seulement, mais cet enseignement eut sur lui un effet profond et durable. Jusqu'à la fin de sa vie, il fera les plus grands éloges de son « glorieux Gabriel » qu'il a toujours considéré comme le plus grand artiste qu'il lui ait été donné de connaître. Sous la direction de Rossetti, Burne-Jones commença à dessiner au crayon et à l'encre, surtout des sujets médiévaux, dans le style de travail de Rossetti à cette époque, c'est-à-dire à pointe aiguë et gothique. Dans cette phase, leurs œuvres sont tellement ressemblantes qu'il est difficile de les distinguer.

En 1858, Burne-Jones tomba malade et passa sa convalescence à Little Holland House, ce célèbre lieu de rencontre du monde artistique victorien, présidé par l'hospitalière et maternelle Mrs Prinsep. Là, Burne-Jones tomba sous l'influence de George Frederick Watts, qui allait vivre à Little Holland House pendant près de trente ans. Watts, que Burne-Jones considérait un peu comme son père, l'encouragea à étudier les marbres d'Elgin et la peinture italienne afin d'élargir et d'améliorer son style. Il l'encouragea aussi à visiter l'Italie, ce que Burne-Jones fit pour la première fois en 1859.

Vers l'année 1860, il commença à peindre de petites aquarelles et, cette même année, il peignit *Sidonia von Bork* (p. 113), l'une des meilleures œuvres de ses débuts. Bien que très rossettien de caractère, ce tableau montre déjà des signes de la puissance qui se développait en Burne-Jones. A cette époque, celui-ci avait déjà rencontré Ruskin et aussi Watts, bien sûr, qui tous deux se souciaient de l'influence excessive exercée par Rossetti sur son jeune élève. Ruskin se plaignit de « *la raideur, de la singularité et de l'intensité de la violence* » des compagnons de Rossetti, et il pensait qu'ils avaient besoin « *de plus de grâce classique et de tranquillité* ».

Burne-Jones allait faire trois autres voyages en Italie, une fois en 1862 avec Ruskin, et ensuite en 1871 et 1873. Ces voyages eurent un effet considérable sur son style. L'influence de la peinture italienne allait devenir un élément essentiel de son art.

Comme pour tant de jeunes artistes de sa génération, les années 1860 allaient être une période cruciale de fermentation artistique. Burne-Jones, comme tous les grands peintres, avait une puissance d'assimilation peu commune. Il était très réceptif à tous les courants complexes prévalant dans les années 1860. Durant cette décennie, son style s'éloigna du gothique étroit de Rossetti et de son milieu vers une interprétation plus personnelle des idées préraphaélites, italiennes et classiques. En 1861, Burne-Jones commença à peindre des sujets mythologiques dont plusieurs étaient tirés du *Paradis terrestre (The Earthly Paradise)*, long poème chaucerien, dont l'auteur était son ami William Morris et qui combine les légendes classiques et médiévales. Ce poème devait fournir à Burne-Jones des sujets pour le restant de sa carrière. Dans *La Folie de Sir Tristan* (p. 115) de 1862, on peut déjà voir que les personnages de Burne-Jones commencent à acquérir plus d'élégance et de raffinement. Les personnages et les draperies ont un aspect classique, et la disposition et le coloris reflètent l'influence de son premier voyage en Italie. Comme Watts et Ruskin, Burne-Jones fut un grand admira-

114

teur de l'école vénitienne, spécialement de Titien, Giorgione, Tintoretto et Carpaccio, mais il aimait aussi Botticelli, Mantegna et Signorelli. Dans plusieurs de ses tableaux des années 1860, comme *Été de verdure* de 1864, on peut retrouver les échos de Giorgione ainsi qu'une tendance vers des sujets plus esthétiques. Dans des tableaux comme *La Complainte* de 1866, ou *Les Quatre Saisons* de 1869, l'influence d'Albert Moore est également évidente. Moore et Burne-Jones ne furent jamais des amis intimes, mais ils avaient plusieurs amis communs, comme Simeon Solomon, Henry Holiday, Rossetti, Whistler et Swinburne. En 1866, Swinburne dédia ses *Poèmes et Ballades* à Burne-Jones. On peut donc penser raisonnablement que Burne-Jones avait commencé à puiser dans les doctrines du mouvement esthétique.

Autre élément clé dans l'art de Burne-Jones : son engagement dans le design et la décoration. Il s'impliqua en effet de plus en plus, à partir de 1857, dans la création de vitraux et, en 1861, il devint partenaire associé dans Morris, Marshall, Faulkner and Company. Dès le début, Burne-Jones fut le meilleur et le plus prolifique concepteur de la Firme. Il en découla une constante interaction entre ses peintures et ses créations de vitraux. Presque tous ses tableaux ont leur origine dans un design pour quelque autre médium, parfois un vitrail, parfois aussi une tapisserie, des carreaux, de la mosaïque, des livres, du mobilier, des pianos, de la broderie, et même des vêtements et des chaussures.

De tous les artistes esthétiques, Burne-Jones était le plus impliqué dans les travaux de décoration. Sa série des quatre tableaux de *Pygmalion*, par exemple, a son origine dans ses dessins pour *Le Paradis terrestre* de Morris. Bien que les sujets soient classiques et les couleurs « italiennes », Burne-Jones a entouré l'histoire de Pygmalion d'une atmosphère d'amour courtois médiéval, et non de légende classique. Des sujets comme Pygmalion, la Belle au bois dormant et le roi Cophetua suscitaient l'intérêt de Burne-Jones et d'autres artistes de la fin de l'époque victorienne. Ils symbolisaient en effet les idéaux de chevalerie et d'amour courtois du Moyen Age, rejetant du même coup le matérialisme du XIXe siècle par la recherche d'idéaux plus élevés, tels que l'amour et la beauté.

Entre 1868 et 1871, Burne-Jones fut lui-même pris dans une aventure avec la belle Maria Zambaco, sculpteur grecque. Il fit d'elle plusieurs croquis charmants. Elle apparaît aussi dans plusieurs de ses tableaux de l'époque comme *Venus Epithalamia*, *Le Jardin des Hespérides* et *Phyllis et Demophoön*. Cette dernière œuvre fut exposée en 1870 à la Old Watercolour Society (société des aquarellistes) et on critiqua violemment la nudité de Demophoön jugée indécente. L'œuvre de Burne-Jones avait été continuellement dénigrée depuis son élection à cette société en 1864. Indigné, il en retira son tableau et démissionna. L'année suivante, en 1871, Robert Buchanan publia sa célèbre tirade *L'École sensuelle de la poésie* (*The Fleshly School*) et Burne-Jones dut se sentir personnellement visé. En 1873, le pauvre Simeon Solomon fut arrêté sous l'accusation d'homosexualité et, dès lors, il devint un paria de la société, évité par tous ses anciens amis. Le palais de l'Art fut assiégé et Burne-Jones se terra. Entre 1870 et l'ouverture de Grosvenor Gallery en 1877, il n'exposa plus en public, préférant travailler pour des clients et protecteurs fidèles, comme William Graham et Mrs Casavetti. Il visita encore deux fois l'Italie en 1871 et 1873, cherchant à se rassurer sur son art et à renouveler son inspiration. Cette fois il se concentra sur Florence, Sienne et Rome et écrivit à un ami, en 1871 : « *J'aime De Vinci et Michel-Ange par dessus tout.* » Et on peut voir, dans plusieurs œuvres ultérieures, que Burne-Jones a tenté de combiner le style de Michel-Ange à celui de De Vinci, dotant ses personnages, tirés du premier, de visages énigmatiques et androgynes inspirés du second. Les années 1870 devaient être pour Burne-Jones une période d'intense activité créatrice. Ce fut à ce moment que son style atteignit enfin sa pleine maturité, ce qui donna quelques-unes de ses meilleures œuvres, comme *Laus Veneris*, *Les Jours de la création*, *Pan et Psyché*, *L'Amour parmi les ruines*, *La Séduction de Merlin* (p. 117) et *Le Miroir de Vénus* (p. 119). Hors du creuset artistique des années 1860, le maître avait forgé sa propre marque de préraphaélisme esthétique.

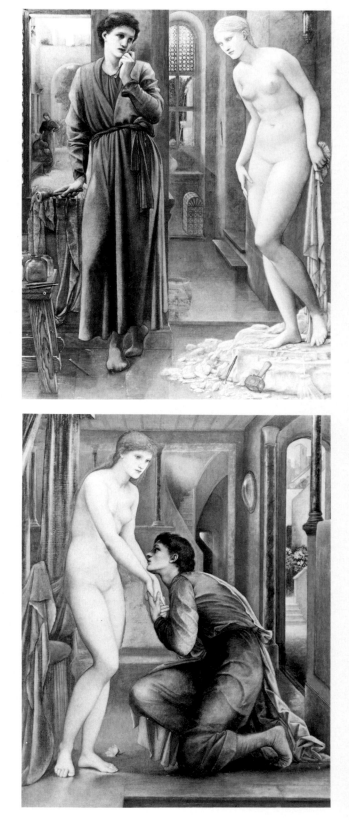

Sir Edward Burne-Jones, deux scènes de la série *Pygmalion*. En haut : *La Main retenue*. En bas : *L'Élévation de l'âme.*

Sir Edward Burne-Jones
La Séduction de Merlin

Signé et daté MDCCCLXXIV (1874)
Toile 186 × 111 cm
Lady Lever Art Gallery, Port Sunlight

C'est l'un des tableaux exposés par Burne-Jones à l'inauguration historique de Grosvenor Gallery en 1877, et qui firent immédiatement sa réputation. Cette peinture avait été commandée par F.R. Leyland pour son fameux intérieur au 49 Prince's Gate, où Whistler a peint la « Salle du Paon » (Peacock Room). Elle illustre un épisode de la *Romance de Merlin* du Moyen Age français dans lequel Merlin est endormi par Nimue l'enchanteresse dans un buisson d'aubépine, dans la forêt de Brocéliande. La scène a été également décrite par Tennyson dans *Les Idylles du roi* (1859).

En 1877, Sir Coutts Lindsay, riche dilettante marié à une héritière des Rothschild, fonda le Grosvenor Gallery sur Bond Street. La galerie était destinée à rivaliser avec l'Académie royale et à servir de forum aux œuvres des artistes progressistes de l'époque. Les salles étaient spacieuses et impressionnantes, et les tableaux étaient accrochés avec beaucoup plus de goût que l'habituel pêle-mêle de l'Académie royale. Les œuvres de chaque artiste étaient groupées, pour donner au public plus de chance de les apprécier comme un tout. L'argent et les relations sociales de Sir Coutts assuraient l'appui des riches et du beau monde, et le vernissage fut un événement brillant, cité dans plusieurs mémoires de l'époque. Il faut attribuer à Sir Coutts le crédit d'avoir persuadé Burne-Jones de sortir de son exil volontaire et d'avoir envoyé au total huit tableaux à l'exposition inaugurale, y compris *Les Jours de la création*, *La Séduction de Merlin* et *Le Miroir de Vénus*. Tous ces tableaux étaient accrochés côte à côte sur le même mur. Les critiques et le public en furent étonnés. Ils réalisèrent soudain qu'il y avait un génie parmi eux. Le nom de Burne-Jones était sur toutes les lèvres ; du jour au lendemain, il était devenu fameux, célébré comme l'un des plus grands artistes du jour. Henry James, habituellement critique caustique de l'art anglais, fut l'un des premiers à reconnaître l'originalité de Burne-Jones. Dans sa chronique sur l'exposition de 1877, il distingua les tableaux de Burne-Jones, les qualifiant « *de loin les plus intéressantes choses de Grosvenor Gallery* », et conclut sa longue et perspicace analyse par ces mots : « *Il y a dans le palais de l'Art plusieurs salles et celle dont M. Burne-Jones détient la clé est un musée merveilleux. Son imagination, sa fertilité d'invention, la nature exquise de son œuvre, ses talents remarquables de coloriste... tout cela constitue une brillante distinction.* »

Aucun tableau n'illustre mieux que *Le Miroir de Vénus* le génie de Burne-Jones à mélanger les traditions du préraphaélisme et celles de la Renaissance italienne, créant ainsi un nouveau style esthétique. La scène est purement imaginaire et montre Vénus et ses servantes se mirant dans un étang. Le paysage est aride et rocailleux. Burne-Jones reprendra souvent cet élément de paysage à l'étrange aspect lunaire, et que ses partisans imiteront largement. La disposition et le coloris sont préraphaélites mais la douceur consciente et l'élégance des personnages rappellent la Renaissance italienne et en particulier Botticelli, que Burne-Jones admirait beaucoup et qui allait devenir plus tard un objet de culte parmi les esthètes à la mode. La conception de ce tableau est purement esthétique : un cercle de jolies filles habillées de ravissantes draperies, et le minimum de contenu narratif ou historique. Les étoffes sont de style pseudo-classique et, si le tableau porte le nom de Vénus, il aurait bien pu porter un vague titre allégorique. A travers les expressions désenchantées des jeunes filles, Burne-Jones transmet le sentiment d'intense tristesse et de nostalgie du passé qui se dégage de beaucoup de tableaux préraphaélites. Qu'il peigne des sujets classiques, religieux, arthuriens ou simplement des sujets imaginaires, le travail de Burne-Jones est toujours très personnel. Un tableau comme *Le Miroir de Vénus* est destiné par-dessus tout à être beau et à faire appel à l'imagination poétique du spectateur. On a souvent cité cette définition qu'a donnée de son art Burne-Jones lui-même : « *Ce que je veux représenter dans un tableau, c'est un beau rêve romantique de quelque chose qui n'a jamais existé et qui n'existera jamais, dans une lumière plus forte que n'importe quelle lumière qui ait jamais brillé, dans une terre que personne ne peut définir ni se rappeler, mais que chacun peut seulement désirer...* » C'est un art délibérément roman-

Sir Edward Burne-Jones
Le Miroir de Vénus

1898
Toile 120 × 200 cm
Gulbenkian Foundation, Lisbonne

Encore un des tableaux exposés au Grosvenor Gallery
en 1877, également commandé par F.R. Leyland. C'est
un exemple admirable du style de Burne-Jones à sa
maturité, mêlant à un style entièrement original
certains éléments classiques, italiens et esthétiques.

tique, introspectif, dont le but est de réveiller notre sens de la beauté et de provoquer
des sentiments de nostalgie, de rêverie et d'introspection. On retrouve cette disposition dans un grand nombre d'œuvres artistiques de la fin de l'époque victorienne, spécialement dans celle des derniers préraphaélites. Le grand succès de Burne-Jones au
Grosvenor coïncida avec le procès intenté par Whistler contre Ruskin et dans lequel
il dut témoigner en faveur de Ruskin. L'effet combiné de l'ouverture du Grosvenor et
du procès allait faire de Burne-Jones le chef reconnu du mouvement esthétique. Il se
retrouva soudain au centre d'un nouveau culte à la mode. Les femmes commencèrent
à cultiver le « look » Burne-Jones : longues robes drapées aux couleurs vert-olive et
curieusement brodées. On appela les habitants de Kensington les « PB », initiales des
mots « Passionnate Brompton » qu'on accola à ce quartier chic. Tout cela persista dans
les décennies 1870 et 1880. Mais les satiristes étaient à l'œuvre, car il y avait énormé-
ment d'esprits bornés qui trouvaient les tableaux de Burne-Jones « pervers et mal-
sains ». George du Maurier en particulier, qui créa dans ses caricatures le personnage
de Mrs Cimabue Brown et tout un monde d'esthètes passionnés, qui tournaient brillam-
ment en ridicule les excès des PB. En 1880, la célèbre opérette *Patience* de Gilbert et
Sullivan se moquait de « *la folie de Grosvenor Gallery* » et créait un personnage original de l'esthétisme, appelé « Bunthorne, le poète sensuel ».

Burne-Jones demeurait indifférent à tout cela. Il était flatté par les attentions de la
société, mais sa modestie naturelle et son dévouement entier à son art l'empêchèrent
de se laisser corrompre. Avec ses amis intimes, c'était un causeur fascinant, drôle, et
presque tous les récits sur lui dans les lettres et les journaux intimes de ses contemporains parlent du charme tranquille de son caractère. Il a écrit de longues et belles
lettres, spécialement aux enfants, les illustrant de nombreux dessins et de caricatures
spirituelles. Il était au milieu de la quarantaine lors de l'inauguration de Grosvenor
Gallery, et le succès n'allait pas modifier son caractère le moins du monde. Il laissa la
direction de ces adeptes de l'esthétisme à outrance à Oscar Wilde, pour qui ce fut

Sir Edward Burne-Jones, étude pour *Le Miroir de
Vénus*.

Sir Edward Burne-Jones
Le Roi Cophetua et la jeune mendiante

Signé des initiales et daté de 1884
Toile 281 × 136 cm
Tate Gallery, Londres

L'histoire du roi Cophetua qui épousa une jeune mendiante vient d'une ballade élisabéthaine, dont s'inspira également Tennyson pour son poème intitulé *La Mendiante* (*The Beggar Maid*). L'idée de préférer l'amour à tous les honneurs attira beaucoup Burne-Jones qui exécuta là l'une de ses peintures les plus belles et les plus connues. Le tableau a été exposé au Grosvenor Gallery en 1884, et fut aussi très largement applaudi à l'Exposition universelle de Paris en 1889. Burne-Jones fut l'un des rares artistes anglais à jouir d'une réputation en Europe; il eut même de l'influence sur le jeune Picasso à Barcelone.

Danaë et la tour d'airain, 1887-88.

Sir Edward Burne-Jones
Les Marches d'or

Signé des initiales et daté de 1880
Toile 279 × 117 cm
Tate Gallery, Londres

Avec le temps, le style de Burne-Jones devint de plus en plus formel et classique, se concentrant davantage sur les lignes, les couleurs et le motif de l'ensemble, que sur le détail descriptif. Le titre est aussi délibérément vague, ressemblant un peu aux titres musicaux de Whistler. Vers la fin de sa vie, Burne-Jones utilisa beaucoup l'étroite forme verticale de la toile, qui rappelle les retables italiens. Ce tableau fut exposé au Grosvenor Gallery en 1880.

l'occasion de se ranger du bon côté. Le succès poussa Burne-Jones à accepter de nouvelles commandes, élargissant encore plus son champ d'activités. Durant les vingt dernières années de sa vie, il réalisa de plus en plus de très grands tableaux, de même que des séries. Burne-Jones les trouvait pourtant très pauvres, comparés à ceux dont il aurait recouvert les murs de Florence « *s'il avait vécu au XVe siècle* ». Il commença aussi à se faire aider par un nombre croissant d'assistants. Parmi ces derniers, les plus connus étaient Thomas Matthews Rooke et John Melhuish Strudwick, qui devinrent eux-mêmes de bons peintres. L'idée de Burne-Jones était de créer une sorte d'atelier de la Renaissance avec des élèves doués, ayant les mêmes goûts que lui et travaillant intensément sous sa haute supervision.

Durant les années 1880, Burne-Jones continua à développer plusieurs des thèmes qui l'avaient préoccupé pendant les vingt dernières années. Parmi ses plus beaux sujets classiques, se trouvent *Le Jardin de Pan*, *Danaë et la tour d'airain* et le remarquable cycle de *Persée*. Il peignit aussi des sujets religieux, comme *L'Annonciation* de 1879. Mais au fur et à mesure qu'il prenait de l'âge, il tendait à revenir de plus en plus aux légendes arthuriennes et médiévales, la grande inspiration de sa jeunesse. Il en résulta quelques-unes de ses œuvres les plus célèbres, comme *Le Roi Cophetua et la jeune mendiante* (p. 120) et *Le Dernier Sommeil d'Arthur à Avalon* (p. 127). En même temps, il revenait quelquefois à des sujets basés sur les contes de fées, comme la fameuse série *Rose de bruyère* (p. 124), illustrant la légende de la Belle au bois dormant, ou des sujets tirés de son propre univers de rêve, comme *Les Marches d'or* (p. 121) ou *Les Profondeurs de la mer* de 1886.

C'est grâce à l'intérêt que lui portaient certains protecteurs fortunés que Burne-Jones put peindre ses deux plus grands cycles : *Persée* et *Rose de bruyère*. Arthur Balfour, riche politicien célibataire et, plus tard, Premier ministre conservateur, était le membre principal de ce groupe cultivé de la haute société, connu sous le nom de « The Souls » (Les âmes). Plusieurs d'entre eux étaient des amis et des admirateurs de Burne-Jones. En 1875, Balfour commanda à Burne-Jones une série de tableaux pour la salle de musique de sa résidence londonienne au 4, Carlton Gardens. L'histoire de Persée a été écrite dans *Le Destin du roi Acrisius*, qui fait partie du *Paradis terrestre* de Morris. Et ainsi, une fois de plus, Burne-Jones regarda vers l'Antiquité classique à travers les miroirs déformants de la littérature médiévale et de la Renaissance italienne. Au début, Burne-Jones avait conçu ce cycle comme un ensemble de huit tableaux, mais en fait il n'en a terminé que quatre : *Persée et les Graiae*, *Le Rocher du destin*, *L'Accomplissement du destin* et *La Tête sinistre* (p. 125). Les quatre autres tableaux ont survécu en gouache sur des cartons grand format. Tout ce travail prit dix ans à Burne-Jones, et on voit là un changement très net : son style à l'italienne des années 1870, habituellement riche, ressemblant à de la tapisserie, s'est modifié dans les années 1880 pour devenir austère, dur, presque monochrome. Prise comme un tout, la série des *Persée* est une réalisation unique dans l'œuvre de Burne-Jones, par son originalité et son esprit inventif brillant. Le monstre marin qui se tord dans *L'Accomplissement du destin* est une vision fantastique et menaçante sans égale dans l'art victorien. C'est seulement chez Gustave Moreau et les peintres symbolistes d'Europe qu'on peut leur trouver des comparaisons. Quant aux cartons inachevés, il s'en dégage une émotion surnaturelle, fan-

tomatique, due en partie à leur surface brute et en partie aux personnages extrêmement anguleux. A examiner la succession de ces tableaux, on a l'impression d'assister réellement à un mythe cruel, exécuté par des dieux et des déesses sur une planète lointaine et stérile. Aucun autre préraphaélite, ni même aucun peintre victorien classique, n'a pu interpréter les mythes classiques avec autant de puissance d'imagination. La série *Rose de bruyère* est tout aussi remarquable, mais elle est plus populaire parce qu'elle est accrochée en Angleterre dans une maison de la National Trust, tandis que la série *Persée* a été vendue à un musée allemand, et cela il y a un peu plus de dix ans seulement. La série *Rose de bruyère* est formée de quatre tableaux : on y voit le prince entrant dans la forêt, le roi et ses courtisans endormis, la princesse endormie, et enfin la courjardin où les servantes se sont endormies sur leurs ouvrages. Les quatre tableaux furent achetés en 1890 par le riche financier Alexander Henderson, premier Lord Faringdon, et installés dans sa salle à manger à Buscot Park, dans le Berkshire. Par la suite, Burke-Jones peignit des panneaux de jointure pour relier le tout en une frise continue. La salle à manger de Buscot est un temple où tous les amateurs de l'art préraphaélite devraient faire un pèlerinage, car la série *Rose de bruyère* est non seulement l'une des plus grandes manifestations du génie de Burne-Jones, mais aussi l'un des chefs-d'œuvre de l'art de la haute époque victorienne.

A ce moment, Burne-Jones était déjà reconnu comme l'un des plus grands artistes d'Angleterre, aussi bien dans son propre pays que sur le continent. Un mouvement se forma pour combler le fossé qui séparait l'Académie royale et Grosvenor Gallery, mouvement soutenu par Lord Leighton et ses collègues académiciens. En 1885, ils élirent Burne-Jones comme membre associé. Burne-Jones, qui n'avait pas été consulté, accepta mais à contrecœur. Il ne fut jamais à l'aise dans ce rôle et il n'exposa qu'une seule fois à l'Académie, en 1886. Il démissionna en 1893, au grand désappointement de Leighton. Son élection avait été un geste bien intentionné mais malencontreux. Burne-Jones était, il l'admit lui-même, très peu fait pour n'importe quel système académique. On le persuada pourtant, en 1894, d'accepter un baronet.

Burne-Jones resta fidèle au Grosvenor Gallery jusqu'à sa fermeture en 1887. Il se rallia alors à la New Gallery, sur Regent Street, fondée par Joseph Comyns Carr et Charles Hallé. C'est là qu'il exposa, les dernières années de sa vie, quelques-uns de ses plus beaux tableaux, comme *L'Amour et le pèlerin* et *Le Mariage de Psyché*. Dans cette dernière phase, son œuvre devient de plus en plus austère, monumentale et réservée. Ses personnages se meuvent, comme s'ils étaient hypnotisés, dans des paysages stériles, les robes scintillent comme si elles étaient tressées d'un fil métallique. Henry James, admirateur toujours fidèle, nota que ses dernières œuvres devenaient « *de plus en plus froides* » et « *de moins en moins sensibles* », les tableaux semblant presque être « *des abstractions* ». La dernière et la plus grande œuvre de Burne-Jones, *Le Dernier Sommeil d'Arthur à Avalon*, l'occupa pendant près de vingt ans, mais il ne l'avait pas encore terminée à sa mort. Burne-Jones la considérait comme l'apogée de toute l'œuvre de sa vie, l'énoncé final de ses objectifs et de ses convictions. Et pour notre honte impardonnable, ce magnifique tableau a été vendu pour une somme dérisoire chez Christie's il y a près de vingt ans et exporté d'Angleterre. Il est accro-

Sir Edward Burne-Jones, gouaches. Études pour la série des *Persée*, 1875-85. En haut à gauche : *Persée en train de s'armer*. En haut à droite : *Persée tuant le serpent*. En bas à gauche : *Persée et la méduse*. En bas à droite : *La Fuite de Persée*.

ché maintenant dans le musée de Ponce, à Porto Rico, où peu de personnes iront le voir.

Peut-être Burne-Jones n'aurait-il pas été surpris d'apprendre le sort du *Dernier Sommeil d'Arthur*, car dans ses dernières œuvres on peut détecter un sentiment grandissant de tristesse, de résignation et comme un détachement du monde. A la suite de nombreux moralistes victoriens, Burne-Jones avait le sentiment d'un échec. Pour lui, l'art était un appel vers l'élévation, devant servir d'inspiration. Mais cette conception n'a pu contenir la vague de matérialisme et de laideur du XIXe siècle. La décadence des années 1890 le consternait, en particulier les illustrations d'Aubrey Beardsley accompa-

gnant *Mort d'Arthur*, qu'il aimait tant. Burne-Jones fut essentiellement un victorien du milieu de l'époque, et conserva jusqu'à la fin de sa vie, comme David Cecil l'a bien dit, « *le sens d'un esprit hautement cultivé et raffiné, menant une vie protégée à la fin d'une longue tradition de civilisation* ». On pourrait en dire autant des autres préraphaélites de la dernière période, mais, parmi eux tous, Burne-Jones fut certainement le plus grand romantique et le plus grand artiste. En réaction à l'échec de ses idéaux, il se retrancha encore plus dans son monde de rêves. Dans ses tableaux de l'époque, on voit l'œuvre d'un artiste détaché et replié sur lui-même. On n'y retrouve quasiment rien qui puisse rappeller Chaucer, Malory ou la Bible, ou

Sir Edward Burne-Jones

La Princesse endormie (Série des Roses de bruyère)

1873-90, toile 122 × 229 cm
Faringdon Collection trust, Buscot Park,
Faringdon, Berkshire

Un panneau de la série devenue célèbre des Roses de bruyère, le cycle de tableaux le plus connu de Burne-Jones. Celui-ci eut d'abord l'idée de peindre un ensemble de carreaux pour illustrer *La Belle au bois dormant* de Perrault. Il peignit d'abord une petite série de trois huiles, puis en 1873 commença la grande série de quatre dont fait partie ce tableau. Les autres scènes montrent le prince entrant dans le bois de bruyère, le roi et ses courtisans endormis et un groupe de servantes également endormies. L'ensemble fut acheté par Alexander Henderson, le premier Lord Faringdon, et placé dans sa salle à manger de Buscot Park. Plus tard, Burne-Jones peignit quelques panneaux décoratifs plus petits pour relier le tout en une frise d'un seul tenant.

Sir Edward Burne-Jones

La Tête sinistre

1886-87
Toile 155 × 130 cm
Staatsgalerie, Stuttgart

C'est l'un des tableaux de la série des Persée, commandée par Arthur Balfour pour la salle de musique de sa maison londonienne au 4, Carlton Gardens. Comme pour tant d'autres tableaux de Burne-Jones, l'histoire découle du *Paradis terrestre* de William Morris. Elle raconte comment Persée tua la Méduse et délivra Andromède. Dans ce tableau, Persée montre à Andromède la tête de la Méduse se reflétant dans un puits. La série des Persée fut le plus grand et le plus ambitieux cycle de tableaux de Burne-Jones. Il en a complété seulement quatre et quatre autres ont survécu sous forme de grands cartons.

n'importe laquelle des œuvres littéraires qui l'avaient tant inspiré à ses débuts. Burne-Jones manifeste alors dans son art un désenchantement et une mélancolie accablantes ; il est obsédé par la grandeur du passé et les traditions perdues de l'art européen. Ses préférences vont aux scènes d'amour déçu, à la tragédie personnelle plutôt qu'aux actions héroïques ou aux grandes batailles. Son art est introspectif, déprimé. S'il y a encore des héros dans les tableaux de Burne-Jones, ils sont passifs, indécis, presque efféminés. Le monde de Burne-Jones est un monde de rêve victorien et résume parfaitement l'esprit de la civilisation victorienne à sa fin. Et, comme Burne-Jones le dit de l'histoire du Christ, « *c'était trop beau pour être vrai* ».

Quelques partisans préraphaélites (1860-1890)

William Morris est mort en 1896, Burne-Jones en 1898. Bien que Holman Hunt, William Michael Rossetti et Frederick George Stephens aient tous vécu jusqu'aux premières années du XXe siècle, la mort de Morris et de Burne-Jones sonna le début de la fin du préraphaélisme. Et même si l'influence préraphaélite est visible dans l'art anglais jusqu'en 1914, particulièrement dans l'œuvre de John William Waterhouse, elle était largement épuisée à la fin du siècle dernier. Rossetti, Burne-Jones et Morris avaient eu, pendant toute leur vie, une énorme prise sur les autres artistes. Parmi ceux-ci, certains ne se convertirent au préraphaélisme que pour peu de temps ; d'autres adoptèrent les idées préraphaélites et les greffèrent sur les leurs ; certains étaient davantage attirés par Burne-Jones, d'autres par Rossetti. L'histoire du préraphaélisme et celle du mouvement esthétique ne sont pas tout à fait identiques, mais elles s'entremêlent inextricablement. Définir exactement où finit le préraphaélisme et où commence l'esthétisme reste problématique. Pour le moment, contentons-nous d'étudier l'œuvre de certains de ceux qui, à des degrés divers, sont tombés sous l'influence des préraphaélites.

L'un des disciples les plus dévoués de Rossetti s'appelait Frederick Sandys. Fils d'un artiste mineur de Norwich School, il commença à exposer à l'Académie royale en 1851. Il se fit remarquer pour la première fois avec une estampe intitulée *Le Cauchemar*, satire du tableau de Millais *Sir Isumbras au passage du gué* et caricaturant Millais, Rossetti, Hunt et Ruskin. A la suite de quoi, il rencontra Rossetti et Swinburne et fut présenté au cercle préraphaélite. La plupart de ses tableaux, comme ceux de Rossetti, sont des bustes de femmes belles et généralement fatales, avec des titres comme *Médée*, *La Belle Rosamund* ou *La Belle Yseult*. Il essayait parfois des personnages plus élaborés et en pied, comme *Morgan-le-Fay* (p. 129). Mais, contrairement à Rossetti, Sandys était un technicien parfait et un dessinateur merveilleusement précis. Sa maîtrise des techniques préraphaélites est égale à celle de Millais ou de Holman Hunt, et ses portraits ont été, à juste titre, comparés à ceux des meilleurs primitifs flamands et allemands. Il a également produit des pastels d'une qualité exceptionnelle, et ses études de jeunes filles, comme *La Fière Maisie*, sont parmi les plus beaux tableaux des « filles du tonnerre » préraphaélites. C'était aussi un grand illustrateur et il travailla pour les magazines *Cornhill*, *Good Words* et *Once A Week*. Il illustra aussi des poèmes de Swinburne et de Christina Rossetti. Ses illustrations traitent de sujets préraphaélites avec une précision à la Dürer, et les préraphaélites eux-mêmes ont beaucoup admiré ses talents de dessinateur. Comme Rossetti, il peignait des femmes fatales, dont une l'a d'ailleurs fait souffrir. Pour Sandys, la femme fatale était une gitane qui s'appelait Keomi, avec qui il eut une longue histoire d'amour. Avoir une aventure avec une ouvrière faisait partie du code de chevalerie de plusieurs artistes victoriens.

Simeon Solomon tomba lui aussi sous le charme de Rossetti, cette fois avec des conséquences désastreuses. Solomon était né dans une famille juive pleine d'artistes, dont son frère aîné Abraham et sa sœur Rebecca. Il entra aux écoles de l'Académie royale en 1855 et y exposa son premier tableau en 1860. Son œuvre révélait déjà un talent précoce et brillant, et il se lia d'amitié rapidement avec Rossetti, Burne-Jones, Swinburne et d'autres membres du cercle préraphaélite. Dans les années 1860, il produisit un certain nombre d'admirables dessins, des gouaches, des peintures à l'huile,

Sir Edward Burne-Jones
Le Dernier Sommeil d'Arthur à Avalon
(détail)

1881-98
Toile 282 × 645 cm
Museo de Arte, Ponce, Porto Rico

Le dernier grand chef-d'œuvre de Burne-Jones, qui commença ce tableau en 1881, y travailla jusqu'à sa mort, mais le laissa inachevé. Pour lui, c'était la plus importante œuvre de sa vie. Il y avait répandu à grands flots ses idées et ses convictions artistiques. Pendant les dernières années de sa vie, Burne-Jones retourna une fois de plus aux légendes arthuriennes qui ont inspiré la plus grande partie de son œuvre.

Philip Burne-Jones, portrait de Sir Edward Burne-Jones dans son atelier, 1898.

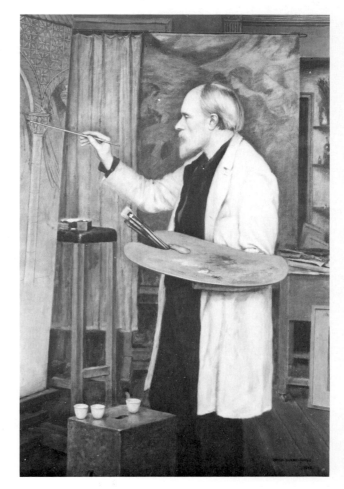

particulièrement de sujets religieux, qui décrivaient surtout le rituel juif. Mais il y avait aussi des sujets classiques et allégoriques qui combinaient les idées préraphaélites et esthétiques d'une manière très personnelle. Bien que les tableaux de Solomon doivent manifestement beaucoup à Rossetti et à Burne-Jones, surtout ses personnages féminins allégoriques, ils ont une forte originalité, reconnaissable instantanément. Malheureusement, l'influence néfaste de Rossetti, et plus encore celle de Swinburne, encouragèrent Solomon à explorer les sujets interdits, tels que l'homosexualité et le lesbianisme, deux éléments plus ou moins ouvertement présents dans son œuvre, comme la belle gouache de 1864 *Sapho et Erinna à Mytélène*. Le 11 février 1873, il fut arrêté pour outrages homosexuels, après quoi tous ses anciens amis, même Swinburne, l'évitèrent complètement. Avant de condamner une telle hypocrisie, il faut se rappeler la puissance du code moral victorien en vigueur encore en 1860. De plus, Rossetti, Swinburne, Burne-Jones et d'autres encore continuaient à souffrir des attaques puritaines de Robert Buchanan qui, dans *L'École sensuelle des poètes*, critiquait particulièrement les peintures de Solomon pour leurs « *tendances malsaines* ». La disgrâce du jeune Simeon Solomon fut sans aucun doute une arme dont profitèrent Buchanan et les autres détracteurs de Rossetti et de ses partisans.

Le reste de la carrière de Solomon est l'une des tragédies mineures de l'histoire préraphaélite. Considéré comme une lèpre sociale, il se mit à boire sans arrêt et s'adonna à la débauche, et finit ses jours à l'asile Saint-Gilles des alcooliques en 1905. Pendant les dernières années de sa vie, il subvenait à ses besoins en faisant des dessins et des pastels, généralement des têtes allégoriques d'un genre particulièrement androgyne, qui étaient populaires parmi les étudiants d'Oxford aux beaux jours de Walter Pater.

Frederick Sandys (1829-1904)
Morgan-le-Fay

1862-63
Panneau 63 × 44 cm
Birmingham City Museum and Art Gallery

Sandys était l'un des compagnons les plus proches de Rossetti et aussi un parfait dessinateur. La plupart de ses tableaux représentent des femmes fatales en buste ou en pied, généralement des héroïnes arthuriennes ou classiques. Dans *Mort d'Arthur*, Morgan-le-Fay est une sorcière et il est possible que le modèle était Keomi, la gitane qui posa pour Rossetti dans *La Bien-aimée* et qui fut aussi un certain temps la maîtresse de Sandys.

Henry Holiday (1839-1927)
Dante et Béatrice

1883
Toile 140 × 199 cm
Walker Art Gallery, Liverpool

Henry Holiday a passé la plus grande partie de sa carrière à créer des vitraux et à enseigner aux South Kensington Schools. Il a cependant exécuté quelques tableaux dont celui-ci est de loin le plus fameux : on s'en est fréquemment servi pour illustrer des livres sur l'époque victorienne.

En haut : **Simeon Solomon**, autoportrait, 1859.
A droite : *Sapho et Erinna à Mytélène*, 1864.
En bas à droite : étude pour la tête de Sapho, 1862.

Simeon Solomon (1840-1905)
Shadrach, Meschach et Abednego sauvées
de la fournaise

Signé d'un monogramme et daté de 10.63
Aquarelle et gouache 32 × 23 cm
Collection privée (Photo : Sotheby's Belgravia)

Dans sa jeunesse, Simeon Solomon fut aidé par
Rossetti et Burne-Jones et ses premières œuvres
reflètent l'influence de ces deux artistes. Toutefois, le
style de Solomon a une intensité mystique tout à fait
distincte, surtout quand il se combine à son intérêt
pour l'histoire et le rituel juifs.

Même si certains sont beaux, la plupart ne sont que des répétitions d'un faible niveau, sans commune mesure avec ses œuvres des années 1860. Ils font rarement revivre l'air de sensualité mystique qui est la caractéristique des meilleures œuvres de Solomon.

Dans l'entourage de Rossetti, il y avait encore quelqu'un qu'on doit citer : la belle Maria Spartali, artiste grecque, qui deviendra Mrs William J. Stillman. Elle avait étudié avec Ford Madox Brown, mais ses tableaux montrent davantage l'influence de Rossetti, en particulier ses bustes de personnages féminins allégoriques. Ce fut aussi Rossetti qui l'encouragea à peindre des sujets italiens tirés de Dante et de Boccace, comme *Messer Ansaldo montrant son jardin enchanté à Madonna Dianova* (p. 132), l'un de ses tableaux les plus grands et les plus ambitieux. Henry Holiday, dans sa jeunesse, était lui aussi un ami de Rossetti et, sous son influence, il peignit son tableau le plus fameux, *Dante et Béatrice* (p. 128), peinture très connue parce qu'elle est reproduite dans d'innombrables livres d'histoire et d'anthologie victoriens. Holiday créa des vitraux, enseigna, et produisit seulement un petit nombre de peintures durant le reste de sa carrière.

Deux artistes provinciaux tombèrent sous l'influence préraphaélite : Frederic Shields, de Manchester, et John Atkinson Grimshaw, de Leeds. Shields s'était converti à la cause préraphaélite après avoir vu l'exposition des Trésors d'art de Manchester en 1857 et, par la suite, il devint un ami intime de Rossetti et de Madox Brown. C'était

Maria Stillman (1844-1927)
Messer Ansaldo montrant à Madonna Dianova son jardin enchanté

Signé d'un monogramme et daté de 1889
Gouache 76 × 102 cm
The Pre-Raphaelite Trust

Maria Stillman était née Maria Spartali dans une famille grecque vivant à Londres. Sa beauté était célèbre et elle avait servi de modèle à Rossetti et à la photographe Julia Margaret Cameron. Ses propres peintures montrent l'influence de Rossetti, bien qu'elle ait été l'élève de Ford Madox Brown. Elle épousa un journaliste-photographe américain, William J. Stillman. Le sujet de ce tableau est tiré de Boccace, poète très populaire chez les derniers artistes préraphaélites.

John Atkinson Grimshaw (1836-1893)
Elaine

Signé et daté de 1877
Toile 83 × 122 cm
Collection privée

Le sujet est tiré du poème de Tennyson intitulé *Elaine et Lancelot* (*Elaine and Lancelot*), dans lequel Elaine meurt de son amour sans retour pour Sir Lancelot. Ici, on la voit flottant vers Camelot dans sa barque funéraire, dirigée par un batelier à la figure sombre. Bien qu'il soit plus connu pour ses remarquables tableaux des quais au clair de lune, des rues et des ruelles de banlieue, Grimshaw a peint aussi un certain nombre de sujets poétiques ou allégoriques et de contes de fées. Il admirait particulièrement la poésie de Tennyson et il possédait un exemplaire de la version illustrée d'*Elaine* de Gustave Doré, publiée la même année que ce tableau.

un homme profondément religieux et la plupart de ses tableaux sont tirés de sujets bibliques, peints dans un style très réaliste qui s'apparente plus à celui de Holman Hunt qu'à celui de Rossetti. Il travailla surtout dans les aquarelles ; c'était aussi un excellent dessinateur et illustrateur qui réalisa des décorations murales dans plusieurs églises. Atkinson Grimshaw, lui, ne fit pas partie du cercle préraphaélite, tout en étant pourtant lié à John William Inchbold, mais on trouve dans plusieurs de ses tableaux des années 1870, en particulier ses tableaux d'intérieur, une certaine conscience du mouvement esthétique. C'était aussi un grand admirateur de Tennyson et il peignit un ou deux tableaux au style très proche du préraphaélisme, comme *La Dame de Shalott* et *Elaine* (p. 133), tirés des poèmes de Tennyson. Jusque tout récemment, on considérait Grimshaw seulement comme un peintre des rues au clair de lune et des scènes de quai, mais une exposition récente au City Art Gallery de Leeds a beaucoup fait pour montrer toute l'étendue artistique de ce peintre remarquable et imaginatif.

Dans le courant des années 1870, au fur et à mesure que Rossetti se retirait dans une vie de reclus, il devint inévitable que la direction des préraphaélites passe à Burne-Jones, surtout après son triomphe de 1877 à Grosvenor Gallery, qui l'établit comme l'un des premiers artistes d'Angleterre. Sa maison de Fulham, baptisée « The Grange » (La Grange), devint de plus en plus le point de rencontre des jeunes artistes de cette décennie et de la suivante, attirés par la grande réputation de Burne-Jones et sa dévotion presque mystique à son art. La femme de Burne-Jones, Georgiana MacDonald, avait trois sœurs, dont l'une épousa l'artiste Edward John Poynter, qui deviendra président de l'Académie royale. Des deux autres, l'une fut la mère de Rudyard Kipling et la seconde celle du Premier ministre Stanley Baldwin. Ainsi, Burne-Jones était l'oncle de Kipling et de Baldwin. Curieuse combinaison à tous points de vue.

Même si, à cette époque, on prenait les partisans de Burne-Jones pour une masse amorphe de purs imitateurs, il est maintenant établi que beaucoup d'entre eux avaient une personnalité artistique propre, digne de considération. Cela est surtout vrai de deux de ces élèves : Thomas Matthews Rooke et John Melhuish Strudwick. Rooke aida beaucoup Burne-Jones dans son travail de création artistique pour Morris and Company, mais il produisit aussi ses propres peintures, qui sont plus que de simples imitations des œuvres de Burne-Jones. Ses dessins ont la sensibilité et la délicatesse de ceux de son maître. Strudwick a donné lui aussi sa vision, très personnelle, du style Burne-Jones. Sa technique était beaucoup plus minutieuse et il peignait dans un style linéaire plat, soignant beaucoup le détail et le coloris. Ses sujets sont généralement allégoriques, et ses compositions, quoique parfois statiques, ont une richesse remarquable d'effet décoratif. L'un des premiers écrivains à parler de l'œuvre de Strudwick a été Bernard Shaw, alors âgé de 35 ans, qui, dans un article paru en 1891 dans *Art Journal*, a loué son « expressionnisme transcendant ».

Strudwick travailla aussi pour le peintre John Roddam Spencer-Stanhope, riche dilettante qui avait été, avec Val Prinsep, un des jeunes artistes ayant participé aux murals d'Oxford en 1857. Spencer-Stanhope finira par créer sa propre version du style Burne-Jones, dans laquelle il accorde une très grande place à la peinture de la Renaissance florentine. Ses tableaux sont toujours admirablement composés et très décoratifs, même si de temps en temps on y reconnaît d'autres influences. Stanhope avait une nièce, Evelyn de Morgan, qui fut aussi son élève. Elle était la femme du potier et romancier William de Morgan. Comme son oncle, Evelyn de Morgan était assez riche pour ne pas compter seulement sur la vente de ses tableaux. Ceux-ci sont donc plutôt rares et un grand nombre appartiennent à la Morgan Foundation, qui récemment en prêta un lot à Cragside, dans le Northumberland. Cette exposition permet de se faire une idée précise du style très personnel d'Evelyn de Morgan. Ses tableaux sont presque tous de grandes allégories complexes, manquant pratiquement de contenu historique ou littéraire. Ils sont beaux, les couleurs sont éclatantes et, en

134

Thomas Matthews Rooke (1842-1942)
L'Histoire de Ruth

1876-77
Toile, triptyque, 66 × 39 cm ; 22 × 24 cm ; 66 × 39 cm
Tate Gallery, Londres

Rooke fut pendant plusieurs années le principal assistant d'atelier de Burne-Jones, et sa propre œuvre reflète l'influence de son maître. Il a peint un certain nombre de sujets bibliques tels que celui-ci, utilisant souvent une séquence descriptive de plusieurs panneaux regroupés dans un cadre unique. Rooke a été aussi un remarquable photographe et peintre de vieux édifices, surtout en aquarelle, qu'il a peints sous la direction de Ruskin.

John Melhuish Strudwick (1849-1937)
La Musique d'une époque passée

1890
Toile 79 × 61 cm
The Pre-Raphaelite Trust

Strudwick travailla comme assistant d'atelier avec Spencer-Stanhope et Burne-Jones, et son style reflète l'influence de ces deux artistes. Ses sujets sont généralement poétiques ou allégoriques et son style est une variation très personnelle de celui de Burne-Jones. Comme ce dernier, Strudwick admirait la peinture de la Renaissance italienne et ses tableaux ont une nette saveur « à l'italienne », à la fois dans leur composition générale et leur coloris.

raison de l'atmosphère mystique qui s'en dégage ainsi que de leurs titres allégoriques vagues, on les a souvent comparés aux tableaux du symbolisme européen. S'il est reconnu que le symbolisme anglais est très difficile à définir, on doit cependant admettre qu'il est présent dans l'œuvre de plusieurs préraphaélites de la dernière période, en particulier Evelyn de Morgan et Sidney Harold Meteyard. Celui-ci avait étudié à Birmingham, une des dernières places fortes de l'influence préraphaélite, laquelle demeura prépondérante dans cette ville jusque très avant dans le XXe siècle. Burne-Jones était né à Birmingham, aussi n'est-il pas étonnant que son influence y ait été très forte. Les œuvres de Meteyard reflètent une admiration évidente pour Burne-Jones de même que pour la poésie de Tennyson. *La Dame de Shalott* fut presque un objet de culte pour les derniers préraphaélites. Waterhouse, Holman Hunt, Byam Shaw, Grimshaw et Meteyard furent parmi les nombreux artistes qui l'ont peinte, et certains plus d'une fois. Dans ses dernières œuvres, Meteyard a surtout représenté des personnages allégoriques ou symboliques, qu'il travaillait beaucoup au moyen de

Evelyn de Morgan (1855-1919)
Espoir dans la prison du désespoir

Signé d'un monogramme, non daté
Huile sur panneau, 58 × 65 cm
Collection privée

Evelyn de Morgan était la nièce et l'élève de Spencer-Stanhope et la femme du célèbre potier William de Morgan. Elle a peint des scènes allégoriques, souvent de très grandes dimensions, dans le style esthétique de Burne-Jones. Ses sujets sont très poétiques et allégoriques et elle est l'une des très rares artistes préraphaélites dont l'œuvre peut être qualifiée de symboliste.

John Roddam Spencer-Stanhope
(1829-1908)

L'Amour et la jeune fille

Non daté

Toile 138 × 201 cm

Collection privée

Spencer-Stanhope fut l'un des nombreux peintres de la fin de l'époque victorienne à subir l'influence de Burne-Jones. Mais son style est nettement personnel et « à l'italienne » à un haut degré. A partir de 1880, il vécut de façon permanente à Florence et ses tableaux reflètent sa nette admiration pour la Renaissance florentine, surtout pour Botticelli. Il était l'oncle, et aussi le professeur, d'Evelyn de Morgan.

belles couleurs dans un style très proche de celui d'Evelyn de Morgan. On a également identifié ces tableaux avec la montée du symbolisme.

Walter Crane, autre admirateur fervent de Burne-Jones, a décrit dans ses Mémoires l'excitation qu'il ressentit à sa première visite dans l'atelier du grand homme. Crane devint lui-même célèbre comme designer et illustrateur de livres, en particulier ses livres pour enfants qu'on trouve jusqu'à nos jours dans les chambres d'enfants en Angleterre. Crane a également peint quelques admirables tableaux et aquarelles où on reconnaît l'influence de Burne-Jones. Crane devint aussi l'ami intime de William Morris et, comme lui, socialiste. Plusieurs artistes préraphaélites, tels que Madox Brown, Crane et Shields, appuyèrent fermement les « écoles pour travailleurs » et restèrent fidèles aux idéaux politiques de la gauche qui avaient été l'un des buts de la confrérie à ses débuts.

La liste des autres artistes influencés par Burne-Jones est infinie. L'un des plus intéressants est Charles Fairfax Murray, car il compila une collection exceptionnelle des œuvres préraphaélites, dont une grande partie se trouve maintenant dans la bibliothèque Pierpont Morgan, à New York, au Birmingham City Art Gallery et au Fitzwilliam Museum de Cambridge. Charles Hallé, qui aida à la fondation du Grosvenor et du New Gallery, a peint lui aussi des personnages allégoriques dans le style de Burne-Jones. Enfin, Percy H. Bate, dans son livre *Les Peintres anglais préraphaélites*, publié en 1899, et qui est resté jusqu'à présent l'ouvrage classique de référence, énumère plusieurs autres artistes appartenant, selon lui, à l'école préraphaélite. Parmi eux se trouvent Matthew Lawless et George Wilson, tous deux presque oubliés

Walter Crane (1845-1915)
Le Ver repoussant

1881, 76 × 147 cm
Collection privée

Crane était un grand admirateur de Burne-Jones dont il vit l'œuvre pour la première fois au Old Watercolour Society en 1865. Dans son autobiographie il rappelle la profonde impression que les tableaux de Burne-Jones firent sur lui : « ... *Nous avons jeté un regard sur un monde magique de romance et de poésie imagée, peuplé de fantômes de "dames mortes et de charmants chevaliers" – un monde crépusculaire de bois sombres et mystérieux, de courants hantés, de prés d'un vert profond parsemés de fleurs ardentes, recouvert d'une lumière pâle et mystérieuse...* » La description pourrait très bien s'appliquer aux propres tableaux romantiques de Crane tirés de sujets moyenâgeux.

Sir Frank Dicksee (1853-1928)
Chevalerie

Vers 1885
Toile 183 × 136 cm
Collection Forbes Magazine

Frank Dicksee venait d'une famille d'artistes, dont son père, Thomas Dicksee. Il entra aux écoles de l'Académie royale en 1871 et y exposa son premier tableau en 1875. Pendant les décennies 1880 et 1890, il peignit des sujets historiques, littéraires, bibliques et allégoriques dans un style très imagé et aux riches couleurs qui lui valurent beaucoup de succès et une grande popularité. *Chevalerie* lui fut commandé par l'ingénieur victorien Sir John Aird et exposé à l'Académie royale en 1885. Plus tard, Dicksee se tourna de plus en plus vers les portraits de la société.

aujourd'hui. Il cite aussi George Dunlop Leslie, Valentine Cameron Prinsep, George Adolphus Storey, John Dawson Watson et Philip Hermogenes Calderon, qui manifestent, dit-il, des signes de l'influence préraphaélite. On pourrait certainement citer des exemples isolés de préraphaélisme dans leurs œuvres, mais il est évident que ce ne peut être qu'un préraphaélisme « périphérique ». Bate mentionne aussi James Tissot comme étant préraphaélite – une affirmation peu fondée, qu'on ne peut prendre trop au sérieux, bien que Tissot ait exposé principalement au Grosvenor, aux côtés de Burne-Jones et de Whistler. Et pourtant, Bate omet de citer Frank Dicksee qui, très jeune, a peint plusieurs beaux tableaux d'inspiration préraphaélite comme *La Chevalerie* (p. 138), magnifique tableau romantique rappelant Millais et Burne-Jones.

John William Waterhouse (1849-1917)

Il est étonnant de voir que Bate a omis de citer John William Waterhouse, l'unique artiste considéré maintenant comme le plus grand peintre romantique victorien après Burne-Jones. Cela est dû probablement au fait que Waterhouse a peint surtout des sujets classiques et homériques, et que Bate l'a classé pour cela parmi les partisans de Leighton. Pourtant, Waterhouse a également peint des sujets inspirés de Tennyson et de Keats, comme *La Dame de Shalott* (p. 141), dont il a fait trois versions, et *La Belle Dame sans merci* (p. 143). La plupart des critiques contemporains ont très justement fait remarquer que le style de Waterhouse est une fusion personnelle et brillante du classicisme de Leighton et du préraphaélisme esthétique de Burne-Jones. L'œuvre de Waterhouse est l'une des plus belles réalisations de la fin de l'art victorien, et aucun livre sur le préraphaélisme ne serait complet s'il n'en parlait. Waterhouse est un préraphaélite, mais c'est aussi un adepte du classicisme, peut-être le seul artiste à avoir réconcilié avec succès ces deux forces opposées dans l'art victorien de la dernière période.

Si on considère que Leighton et Burne-Jones sont les deux derniers rêveurs victoriens, alors Waterhouse l'est aussi. Ses sujets sont un mélange esthétique exemplaire – classique, biblique, historique, Keats, Tennyson, Boccace –, mais son génie réside surtout dans la manière poétique et imaginative sans pareille par laquelle il a réinterprété ses thèmes familiers. Car Waterhouse était beaucoup plus réaliste que Leighton ou Burne-Jones. Toutes ses œuvres sont empreintes du même ton de nostalgie et de mélancolie, mais, en outre, ses nymphes et ses déesses sont de véritables êtres de chair et de sang, alors que celles de Burne-Jones semblent des créatures d'une autre planète. En regardant *Hylas et les nymphes* (p. 142), il nous semble rencontrer par hasard un

groupe de sirènes victoriennes attirant un berger à sa perte dans les profondeurs d'une forêt, mystérieuse mais très anglaise. Par contraste, *Le Miroir de Vénus* ou la série de *Persée* de Burne-Jones auraient pu se situer sur la lune. La clé du style de Waterhouse est ce talent sans égal d'unir réalisme et poésie.

Le même rêve romantique domine dans tous les tableaux de Waterhouse, car cet artiste, une fois qu'il eut trouvé son style, y resta accroché pour le restant de sa carrière. Et, comme Albert Moore, Waterhouse n'eut qu'un seul chant à chanter, mais il le chanta admirablement. Comme Moore aussi, Waterhouse était un homme tranquille et effacé, nullement porté sur les honneurs mondains. Il a suivi la voie conventionnelle vers le succès, devenant membre associé de l'Académie royale en 1885 et académicien en titre en 1895. Il passa une vie calme et sans reproche à St. John's Wood, heureux en ménage et pas trop tourmenté par les nymphes ou les femmes fatales. Il ne semblait pas trop se mêler des factions artistiques, préférant se consacrer entièrement à son travail. C'est pourquoi, son art semble concilier les tendances opposées – les classiques et les préraphaélites, les réalistes et les poétiques, les traditionalistes et les romantiques. L'habileté de Waterhouse à traiter un sujet romantique avec un style moderne lui gagna l'admiration de tous les milieux et, dans les années 1880 et 1890, sa réputation rivalisait même avec celle de Leighton et de Burne-Jones. Après la mort de Burne-Jones en 1898, Waterhouse resta l'un des rares représentants, toujours admirés et respectés, du style préraphaélite dernière manière. Entre 1900 et 1910, il peignit quelques-uns de ses plus beaux tableaux, la plupart tirés de sujets classiques, et il continua à exposer à l'Académie royale jusqu'en 1916.

Waterhouse était né à Rome et ses parents étaient tous deux des artistes. Dans sa jeunesse, il avait passé plusieurs années en Italie et il devait y retourner plusieurs fois.

Sydney Harold Meteyard (1868-1947)
« Je suis à moitié malade des ombres », dit la dame de Shalott

Signé et daté de 1913
Toile 76 × 114 cm
The Pre-Raphaelite Trust

Meteyard est lui aussi l'un des derniers peintres préraphaélites romantiques dont les idées découlaient fondamentalement de celles de Burne-Jones, mais dont le style poétique et allégorique se rapproche davantage de celui d'Evelyn de Morgan. La poésie de Tennyson continua à inspirer les peintres préraphaélites jusqu'en 1914. Meteyard appartenait à l'école des peintres de Birmingham qui produisit un certain nombre d'artistes préraphaélites intéressants de la période allant de 1890 à 1920.

John William Waterhouse (1849-1917)
La Dame de Shalott

Signé et daté de 1888
Toile 153 × 200 cm
Tate Gallery, Londres

Premier tableau important de Waterhouse dans le style préraphaélite. Le choix d'un tel sujet romantique à la Tennyson – très en vogue chez les préraphaélites – a bien pu naître à l'exposition Millais au Grosvenor Gallery en 1886, dont on sait que Waterhouse l'a vue et beaucoup admirée.

Son amour de l'Italie se reflète dans ses premières peintures et aussi dans la dévotion qu'il eut tout au long de sa vie pour les sujets classiques et les grandes traditions de la peinture italienne, en particulier, et européenne, en général. Au retour des Waterhouse en Angleterre, le jeune John William entra en 1870 dans les écoles de l'Académie royale. Celui qui eut le plus d'influence sur lui au début fut Lawrence Alma-Tadema, alors au sommet de ses capacités artistiques et de sa popularité. Entre 1874 et 1885, Waterhouse peignit un certain nombre de scènes romaines où l'on reconnaît justement cette influence sur le plan technique et sur celui de la recherche de l'authenticité archéologique. L'un de ces tableaux, *Sainte Eulalie*, lui valut en 1885 son élection comme membre associé de l'Académie royale. L'année suivante, il peignit *Le Cercle magique*, représentation dramatique d'une sorcière, où on voit nettement l'évolution de son style. Ce tableau fut suivi en 1888 par la merveilleuse *Dame de Shalott*. Ce tableau, peint dans un style exceptionnellement délié et réaliste, reflète le nouveau développement atteint par Waterhouse au contact de Frank Bramley, Maurice Greiffenhagen et William Logsdail, qui tous vivaient dans la même rangée d'ateliers à Primrose Hill. Mais en dépit de cet intérêt pour le réalisme de plein air de Bastien-Lepage et de l'école de Newlyn, Waterhouse ne dévia jamais des sujets romantiques et poétiques. Les paysans et les pêcheurs de Stanhope Forbes et de Frank Bramley, ce n'était pas pour lui. Sa *Dame de Shalott* montre bien que Waterhouse pouvait parfaitement combiner un réalisme

sans compromis avec un sujet poétique. Bien qu'il n'ait plus jamais peint dans le même style plein air, cette technique laissa sa marque indélébile sur ses œuvres, et il continua à se servir du riche coloris et du large empâtement typiques de l'école de Newlyn. Les couleurs de Waterhouse sont toujours chatoyantes et ardentes, teintées d'or, de jaune, de pourpre et de rouge, et idéalement adaptées à la poésie de ses tableaux.

A l'époque où Waterhouse, ayant renforcé son style personnel distinctif, se tournait vers les sujets plus romantiques et plus poétiques, il fut pris lui aussi de fascination pour la femme fatale, cette image qui revient si fréquemment dans l'art européen de la fin du XIXe siècle. Comme on pouvait s'y attendre, les Circé et les sirènes de Waterhouse ne sont pas les monstres méchants et destructeurs de Gustave Moreau et des autres symbolistes européens. Ce sont plutôt des séductrices qui prennent au piège leurs victimes par leur beauté mélancolique et leur tristesse mystérieuse, comme si elles ne pouvaient pas s'empêcher de faire ce qu'elles font, et que même elles le regrettaient. Ceci est évident dans des tableaux comme *Circé offrant la coupe à Ulysse* de 1891, ou *Circe Invidiosa* de 1892, mais surtout dans *La Belle Dame sans merci*, tableau datant de 1893. Ici, l'enchanteresse type de Waterhouse attire le chevalier en armure pour une étreinte fatale ; la scène se situe dans un paysage plein de mystère tourmenté et pourtant beau. La jeune fille est du type Waterhouse classique, avec ses longs cheveux et une expression mélancolique sur le visage, signature du style de Waterhouse. Le tableau vibre d'une sensualité délicate, troublante et se situe dans un bois obscur et très touffu. Le personnage du chevalier est bien sûr Waterhouse lui-même, de plus en plus obsédé par sa propre vision de la féminité. A partir des années 1890, le sujet central de tous les tableaux de Waterhouse sera toujours la femme.

L'esprit créatif de Waterhouse atteignit son sommet dans les années 1890 et il produisit alors la plupart de ses chefs-d'œuvre. En 1891, il peignit l'extraordinaire *Ulysse et les sirènes*, très peu connu en Angleterre car il fut acheté par un musée australien presque immédiatement à sa sortie de l'Académie. Sur ce tableau de grande dimen-

142

John William Waterhouse
Hylas et les nymphes

Signé et daté de 1896
Toile 97 × 160 cm
Manchester City Art Gallery

Hylas était l'écuyer d'Héraclès, l'un des Argonautes. Quand ils s'arrêtèrent sur l'île de Cios, Hylas partit à la recherche de l'eau, mais les nymphes l'attirèrent et il en mourut. Ce tableau est maintenant l'œuvre la plus célèbre de Waterhouse et c'est l'une des images clés de la femme fatale telle qu'on se la représentait dans les derniers temps de l'art victorien. Waterhouse, dont le style est un mélange unique de fantaisie et de réalisme, est l'un des rares artistes victoriens à peindre les mythes grecs de manière convaincante.

La Belle Dame sans merci

1893
Toile 112 × 81 cm
Hessisches Landesmuseum, Darmstadt

Keats fut toujours le poète préféré des peintres préraphaélites, et cela dès les débuts de la confrérie. En 1893, la poésie de Keats fut à nouveau l'inspiration de cet admirable tableau très romantique, l'une des œuvres les plus belles et les plus nettement préraphaélites de Waterhouse.

sion, on voit Ulysse et ses hommes à bord de leur bateau, menacés par les sirènes représentées sous forme d'immenses oiseaux à face de jolies femmes. C'est l'unique tableau de Waterhouse ayant un aspect cauchemardesque et menaçant, semblable à celui des peintures symbolistes. Beaucoup plus typique du style de Waterhouse est *Hylas et les nymphes*, l'un de ses tableaux les plus connus et aussi une image clé de l'art préraphaélite vers sa fin. Ici on voit Hylas, victime mâle abandonnée de tous, agenouillé au bord d'un étang couvert de roseaux et d'où émergent sept belles nymphes aux cheveux roux, ayant toutes le *look* Waterhouse clairement reconnaissable. De nombreux critiques se sont plaints de la ressemblance entre les jeunes filles, mais ceci n'enlève rien à l'atmosphère mystérieuse et poétique du tableau, tout à fait convaincante. Waterhouse était un artiste académique, travaillant sur des modèles dans son atelier, mais, grâce à son talent inventif, il pouvait transcender la réalité et atteindre à la poésie. Le tableau reçut un accueil enthousiaste et unanime. Le *Magazine of Art* écrivit qu'il égalait « *les plus grandes qualités de Sir Edward Burne-Jones à sa plus ravissante période... Il se répand sur la toile un courant de véritable poésie* ». L'*Art Journal* le qualifia de « *combinaison des meilleurs attributs et intentions de Leighton et de Burne-Jones* ». Pendant les années 1890, Waterhouse allait peindre plusieurs autres tableaux admirables, comme *Ophélie* (p. 145) en 1894, *Sainte Cécile* l'année suivante et *Ariadne* en 1898. Waterhouse ne s'arrêta pas à la naissance du nouveau siècle, mais continua à peindre encore seize ans. Cependant, il ne put retrouver la maîtrise avec laquelle il avait exécuté une telle succession de chefs-d'œuvre dans les années 1890. L'essentiel de son style était déjà établi et, après 1900, son œuvre ne représente plus qu'une continuelle exploration de ses thèmes familiers. En fait, son style se raffine, devient plus décoratif et moins dramatique. Il y a une tendance à la mignardise, mais qui ne dégénère jamais dans la sensiblerie ou le chatouillement facile, comme c'est le cas pour tant de ses contemporains. Pour lui, la femme fatale reste le thème central, comme dans *Une sirène* de 1900, et la majorité de ses sujets sont classiques. Dans plusieurs œuvres de cette époque, Waterhouse traite du pouvoir destructeur de la femme, comme dans *Narcisse et l'écho*, *Les Nymphes découvrant la tête d'Orphée*, *Phyllis et Demophoön* et plusieurs autres. Mais dans aucun de ces tableaux on ne trouve trace de cruauté ou d'effusion de sang, seulement le même ton désenchanté d'envie vague et de regret. Le thème qui attira le plus Waterhouse dans ses dernières années fut celui de Psyché, qu'affectionnait aussi Burne-Jones. Mais Waterhouse peignit encore une *Dame de Shalott* en 1915, qu'il fit suivre en 1916 d'une scène du *Décaméron* de Boccace, deux thèmes traditionnels des préraphaélites. Derniers échos atténués du préraphaélisme, ces œuvres sont l'ultime hommage à l'esprit de la confrérie, fondée plus de soixante ans auparavant.

En 1912, la santé de Waterhouse commença à décliner, et sa puissance créatrice aussi. En 1915 il omit d'envoyer un tableau à l'Académie royale, pour la première fois en vingt-quatre ans. Il travailla jusqu'à la toute fin de sa vie et son dernier tableau, intitulé *Jardin enchanté*, allait rester inachevé. Ce tableau peut parfaitement lui servir d'épitaphe, car qu'est-ce que l'œuvre de Waterhouse sinon un jardin enchanté ? Et pourtant nous savons si peu de chose sur son créateur. De toutes les figures préraphaélites majeures, Waterhouse reste de loin la plus énigmatique. On ne sait rien de sa vie privée ou de ses convictions artistiques, car ni lettres ni journal intime ne lui ont survécu. Sa vie conjugale semble avoir été heureuse, mais on ne peut s'empêcher de spéculer sur l'identité de l'admirable et mystérieux modèle qui réapparaît si souvent dans ses tableaux. Elle joue certainement un rôle central dans les tableaux de Waterhouse, comme le fait Jane Morris dans ceux de Rossetti. Mais qui était-elle et quelles étaient ses relations, s'il y en eut, avec Waterhouse ? Cela reste l'un des rares mystères préraphaélites et l'un de ceux qui ne seront probablement jamais résolus.

La dernière phase (1890-1920)

Pour le critique d'art Percy Bate, qui écrivait en 1899, il semblait que le mouvement préraphaélite « *avançait encore* » tout en s'élargissant. Il admettait cependant que les buts originaux de la confrérie avaient été accomplis depuis longtemps et que le pré-

En haut : **John William Waterhouse**, *Mariamne*, 1887.
En bas : *Le Cercle magique*, 1886.

John William Waterhouse
Ophélie

Signé, non daté
Toile 102 × 64 cm
The Pre-Raphaelite Trust

Dans les tableaux préraphaélites, les femmes sont soit des femmes fatales, soit des héroïnes tragiques, et Ophélie reste l'une des images les plus populaires de l'héroïne tragique. Waterhouse a été grandement influencé par Millais ; il assista à une exposition rétrospective des œuvres de Millais au Grosvenor Gallery en 1886, et il a dû y voir l'*Ophélie* de Millais. Mais, comme d'habitude, Waterhouse a interprété ce thème à sa manière très personnelle.

raphaélisme des années 1890 était « *plus diffus* ». Il faut dire qu'à cette époque, le préraphaélisme avait pénétré le tissu culturel anglais, dans presque toutes ses branches artistiques. Pendant la dernière décennie du siècle, plusieurs grandes figures du mouvement disparurent : Millais et Morris en 1896, Burne-Jones en 1898 et Ruskin en 1900. Les jours lointains de la confrérie préraphaélite faisaient déjà partie de l'histoire et le préraphaélisme devenait un terme vague et détaché qui, dans la peinture, pouvait être appliqué à n'importe quel sujet, romantique ou médiéval, comme aussi à la femme fatale aux cheveux roux. Et si le préraphaélisme restait encore un idéal, noble et héroïque, il avait pourtant commencé à se fondre imperceptiblement dans l'Art nouveau et le symbolisme. Dans les mains d'Aubrey Beardsley, il avait pris le caractère décadent « fin de siècle ». L'emprise du préraphaélisme agissait toujours sur l'imagination de beaucoup d'artistes, jeunes ou vieux, mais c'était « chose du passé ». Le New English Art Club, fondé en 1886, attirait vers l'impressionnisme beaucoup de jeunes artistes parmi les plus brillants d'Angleterre, loin du Grosvenor et du New Gallery. En 1900, on vit à l'Art Club deux jeunes artistes danser de joie à la nouvelle de la mort de Ruskin, comme si un grand poids oppressant était tombé de leurs épaules. Dix ans seulement séparent cette époque des expositions post-impressionnistes révolutionnaires de Roger Fry au Grafton Gallery.

John William Waterhouse était le dernier artiste à la stature vraiment préraphaélite. Il y eut cependant plusieurs autres peintres de talent qui restèrent fidèles à la cause du préraphaélisme. L'un d'eux fut Herbert James Draper, très proche de l'esprit de Waterhouse, mais qui est malheureusement, encore aujourd'hui, une figure oubliée et sous-estimée. Comme Waterhouse, Draper a surtout peint des sujets de la mythologie classique, mais dans un style très romantique et poétique qui a des affinités très nettes avec Burne-Jones et Waterhouse. Ses nymphes et ses déesses ont le même air pensif et légèrement affecté que celles de Waterhouse. Mais Draper était surtout un excellent peintre. Pratiquement sa seule œuvre connue aujourd'hui est *La Complainte d'Icare*,

Edward Reginald Frampton (1872-1923)
L'Annonciation

Non daté
Toile 127 × 114 cm
Collection privée

Le style excessif et hautement décoratif de Frampton est typique de la dernière phase du préraphaélisme, qui persista longtemps au XXᵉ siècle. Parmi les autres représentants de ce style se trouvent Frederick Cayley Robinson et Robert Anning Bell.

John William Waterhouse, *Sainte Cécile*, 1895

146

achetée par le Chantrey Bequest (legs Chantrey) en 1898 et qui se trouve maintenant au Tate Gallery. Il est exposé rarement mais il est surtout reproduit dans la plupart des livres classiques sur la peinture victorienne. Beaucoup mieux connu aujourd'hui est John Liston Byam Shaw, qui, dans les années 1890, a développé une manière préraphaélite très personnelle et très stylisée. Shaw était un grand admirateur de Rossetti et plusieurs de ses tableaux sont tirés des poèmes de ce dernier, comme *La Demoiselle bienheureuse* (p. 152). Mais Byam Shaw a uni avec bonheur les sujets romantiques rossettiens, les animant souvent de belles jeunes filles, y ajoutant les couleurs vives et le fini propre à Millais et à Holman Hunt. Seul Frederick Sandys a réussi à faire quelque chose de comparable, mais les tableaux de Byam Shaw ont une qualité supplémentaire : ils sont imprégnés d'un lyrisme genre Art nouveau, surtout dans les draperies tourbillonnantes et enroulées des femmes, ce qui n'existe pas du tout chez Sandys. Byam Shaw fut aussi un illustrateur de livres distingué, et ses innombrables dessins et aquarelles de livres sont composés généralement dans la même veine que ses peintures : couleurs vives et style romantique très travaillé. La fin du XIXᵉ siècle fut l'âge d'or des livres illustrés, surtout pour enfants, et plusieurs artistes préraphaélites y contribuèrent notablement. L'influence du préraphaélisme sur l'illustration des livres n'entre pas dans le cadre de cet ouvrage. Qu'il suffise ici de dire que cette influence était présente dans les œuvres d'artistes tels que Walter Crane, Henry Justice Ford, Edmund Dulac et Arthur Rackham, et qu'on peut la retrouver dans l'illustration des livres encore aujourd'hui. Il ne faut pas omettre de citer Eleanor Fortescue-Brickdale parmi les nombreux illustrateurs-peintres préraphaélites. Ses premières œuvres, comme *Les Vierges sages* (p. 149), montrent l'influence de Burne-Jones. Mais elle était aussi l'amie intime et l'élève de Byam Shaw, et le style de ses illustrations de livres ressemble beaucoup à celui de Shaw. Un autre illustrateur qui eut beaucoup d'influence est Aubrey Beardsley, qui mourut jeune et qui avait été présenté à Burne-Jones par Oscar Wilde. Burne-Jones recommanda Beardsley aux éditeurs Dent and Company pour illustrer une édition de *Mort d'Arthur*. Les illustrations de Beardsley, qui horrifiaient Burne-Jones, développèrent la traînée de décadence sensuelle, qui avait été toujours présente dans l'œuvre de préraphaélites comme Rossetti et Simeon Solomon, jusqu'à en faire une caricature maniérée et grotesque.

Des peintres comme Byam Shaw, Draper et Fortescue-Brickdale ont continué la tradition de Burne-Jones, qui s'était impliqué dans la décoration et le design. Tous s'adonnèrent à la décoration murale, au vitrail et à beaucoup d'autres activités similaires. L'esprit du préraphaélisme demeura bien vivant à travers le mouvement des Arts et

Herbert James Draper, *La Complainte d'Icare*, 1898.

148

Eleanor Fortescue-Brickdale (1871-1945)
Les Vierges sages

Signé d'un monogramme, gravé sur un rouleau et daté de 1901
Deux aquarelles dans un seul cadre ; panneau du haut
37 × 30 cm ; panneau du bas 11 × 30 cm
Christopher Wood Gallery

La dernière période victorienne a produit un magnifique groupe d'artistes-illustrateurs, dont l'un des meilleurs fut Eleanor Fortescue-Brickdale. Elle illustra plusieurs livres et peignit aussi à l'huile et à l'aquarelle dans un style romantique et poétique, inspiré surtout de Burne-Jones. Ses tableaux sont souvent rassemblés par groupe de deux ou trois panneaux, généralement placés dans des cadres qu'elle créait elle-même.

métiers, et ses nombreuses associations et corporations établies vers la fin du siècle. La tradition préraphaélite fut longtemps très vigoureuse à Birmingham. Dans cette ville où était né Burne-Jones, plusieurs membres de la Tempera Society, dont Joseph Southall, Charles Gere, Arthur Gaskin et Henry Payne, ont gardé vivants les idéaux préraphaélites qu'étaient les sujets romantiques et poétiques unis à l'habileté technique. Bate les associe avec divers artistes « de la décoration », tels que Charles Ricketts, Charles Shannon, John Dickson Batten, Henry Holiday, Heywood Sumner, Anning Bell et les frères Rhead. Bate cite aussi Frederick Cayley Robinson comme l'un des jeunes artistes préraphaélites les plus prometteurs. Robinson était membre de la Tempera Society et ses premières œuvres sont surtout des sujets médiévaux peints dans un style romantique très travaillé, qui doit certainement beaucoup au préraphaélisme. Mais par la suite, Robinson tomba sous l'influence de Puvis de Chavannes et son œuvre postérieure a une qualité monumentale qui le place à part parmi les derniers préraphaélites.

Bate détecta l'influence préraphaélite dans l'œuvre de plusieurs autres peintres travaillant en 1899. Parmi eux se trouvent des artistes pratiquement oubliés aujourd'hui, comme Gerald Moira, Walford Graham-Robertson et Archie MacGregor, ou des artistes qui ne purent remplir les promesses de leurs premières œuvres, comme Henry Ryland. Bate mentionne brièvement le peintre américain Edwin Austin Abbey comme ayant subi, lui aussi, l'influence des préraphaélites, spécialement celle de Madox Brown. Cela semble peu vraisemblable. En revanche, on pourrait être d'accord avec Bate à propos de deux autres artistes, Edward Reginald Frampton et Thomas Cooper Gotch,

Thomas Cooper Gotch (1854-1931)
L'Enfant couronné

Vers 1894
Toile 159 × 102 cm
Collection privée

Gotch a peint des portraits et des allégories d'enfants. Prenant souvent ses personnages dans sa propre famille, il a traité l'idée de l'enfance comme quelque chose de mystique, et même de saint. C'est l'un des rares artistes de la fin du préraphaélisme dont l'œuvre, comme celle d'Evelyn de Morgan, peut être classée dans le symbolisme.

Thomas Cooper Gotch, *Alleluia*, 1896.

qu'il place dans la lignée des préraphaélites. Le style très recherché et décoratif de Frampton combine le préraphaélisme avec les lignes allongées de l'Art nouveau. En peinture, c'est le seul qui égale Aubrey Beardsley, mais sans son côté décadent. L'œuvre de Gotch nous semble, à nous qui connaissons maintenant la peinture européenne de la fin du XIXe siècle, tout autant symboliste que préraphaélite. Gotch était un préraphaélite hors du commun. Il avait commencé sa carrière au New English Art Club et au Newlyn School. Après une visite en Italie en 1891, il se tourna vers des sujets plus poétiques et allégoriques, peints dans un style élaboré et solennel où on retrouve l'influence de la peinture de la Renaissance italienne. Aussi, le style de Gotch est-il un curieux mélange d'influences et il est l'un des derniers préraphaélites dont on pourrait qualifier les œuvres d'authentiquement symbolistes. *La Mort de la nouvelle mariée* en est un exemple. Ce tableau, souvent reproduit, appartient maintenant au musée de la ville de Kettering, où naquit Gotch. Bate aurait pu mentionner dans ce contexte l'honorable John Collier, portraitiste à la mode de la fin de l'époque victorienne et de l'époque édouardienne, qui peignait les personnages et les drames psychologiques de la haute classe. Il a peint aussi un certain nombre de sujets historiques, et surtout des femmes aux vêtements exotiques, où on voit une influence préraphaélite similaire à celle de Gotch. Un autre artiste qui explora cette veine particulière fut Frank Cadogan Cowper, l'un des tout derniers préraphaélites. Son tableau *La Belle Dame sans merci* (p. 154), peint en 1926 seulement, est une vision romantique à la Keats qui rappelle Waterhouse, Burne-Jones et même les tout premiers jours de la confrérie. Et c'est tout à fait la note qui convient pour mettre fin à cette dernière phase du préraphaélisme.

John Liston Byam Shaw
La Demoiselle bienheureuse

Signé et daté de 1895
Toile 94 × 180 cm
Guildhall Art Gallery, Londres

Byam Shaw fut l'un des derniers peintres préraphaélites à l'originalité reconnue. Il tenta d'allier les sujets romantiques chers à Rossetti avec les couleurs pures et brillantes utilisées par la confrérie préraphaélite à ses débuts. Shaw était aussi un remarquable illustrateur de livres et un décorateur, et il fonda l'école d'art qui porte son nom.

L'honorable John Collier (1850-1934)
Dans le Venusburg (Tannhauser)

Signé et daté de 1901
Toile 243 × 168 cm
Southport Art Gallery

Collier commença sa carrière comme élève de Lawrence Alma-Tadema, et finit comme portraitiste à la mode. Cependant, il a peint un certain nombre de tableaux de personnages dramatiques, dont certains ont un goût préraphaélite, surtout ses peintures de costumes de femmes.

154

Un post-scriptum personnel

Dans le monde de l'art, il n'y a probablement pas d'école qui ait autant souffert des changements de goût que l'école préraphaélite. Durant les années 1920 et 1930, une violente réaction contre les valeurs et la culture victoriennes a déferlé sur les milieux artistiques et intellectuels. L'arrivée de l'art abstrait moderne a rendu la peinture victorienne particulièrement vulnérable aux attaques, et des écrivains comme Roger Fry et Clive Bell ont rejeté de manière dévastatrice toute la peinture victorienne, la considérant comme méprisable et inconséquente. Les préraphaélites, qui avaient beaucoup représenté la culture victorienne, ont particulièrement souffert de ces critiques, et entre les années 1920 et 1960 leur fortune a atteint le fond de l'abîme. Il fallut environ cinquante ans pour éradiquer les préjugés accumulés contre les préraphaélites, et pour l'écrivain actuel, étudiant l'histoire de l'art à Cambridge au début des années 1960, il a toujours semblé que l'art anglais s'était arrêté à Constable et Turner. Au-delà, s'ouvre tout grand l'abîme victorien dont les préraphaélites n'étaient qu'une des déplorables manifestations. Et si par hasard on mentionnait les préraphaélites, c'était seulement pour les ridiculiser et on les consignait sur-le-champ dans les oubliettes de l'histoire. Plus tard, dans les années 1960, travaillant chez Christie's, dans le département des tableaux, j'ai remarqué que l'apparition occasionnelle d'un tableau de Rossetti ou de Burne-Jones provoquait les rires et que leurs œuvres étaient vendues pour des sommes dérisoires selon les normes d'aujourd'hui. Les admirer ou, pire, les collectionner était considéré comme un signe d'excentricité et même de dérangement mental. J'appris qu'il y avait à l'époque de rares défricheurs qui étudiaient et collectionnaient les préraphaélites, mais cela était toujours considéré comme « de mauvais goût ». Tout le poids de l'*establishment* artistique appuyait le point de vue selon lequel le « bel art » avait quelque peu disparu en Angleterre vers 1830.

Maintenant, après plus de vingt ans, tout cela a complètement changé. Une révolution est intervenue dans le goût anglais, à laquelle ont participé les musées, les historiens de l'art, les salles de ventes, les marchands et les collectionneurs. Comme pour tous les changements fondamentaux de goût, la lutte fut longue et difficile. Dans le domaine de l'art, la mode ne change pas du jour au lendemain. Parfois il lui faut toute une génération. Et on peut dire que la Renaissance victorienne a commencé dans les années 1950, qu'elle a acquis sa vitesse de croisière dans les années 1960 et qu'elle a atteint sa majorité dans les années 1970. L'art victorien, dans toutes ses manifestations, est maintenant avidement étudié et collectionné à nouveau, et, à l'avant-garde de cette Renaissance, il faut placer les préraphaélites. La pendule a commencé à tourner en leur faveur et ils en bénéficient au maximum, tout à fait comme ils avaient souffert au maximum lorsque les vagues de critiques avaient déferlé sur eux. Dans ces dix dernières années, on a vu de grandes expositions consacrées à Millais, Rossetti, Hunt, Burne-Jones et Waterhouse. On n'avait jamais vu autant d'intérêt porté aux œuvres de William Morris et au mouvement des Arts et métiers. Le mouvement préraphaélite est de nouveau enseigné dans les écoles et étudié dans les universités. On lui consacre chaque semaine quantité de livres, d'articles et de thèses. Mais, en dépit de cette énorme littérature préraphaélite, il y a encore beaucoup à dire sur ce sujet. Dans les salles de ventes on a vu un Burne-Jones vendu pour des centaines de milliers de francs. Durant les années 1970, les jeunes filles se sont remises à la « mode préraphaélite ». Il semble que nous vivions maintenant dans une époque plus romantique et il est possible d'admirer, sans paraître ridicule, des tableaux de chevaliers du Moyen Age secourant des demoiselles en détresse. Nous revoyons le rêve préraphaélite avec sympathie et compréhension, nous le partageons aussi et nous nous identifions à ce rêve. Le mouvement préraphaélite fut une force dominante dans l'art anglais pendant plus de cinquante ans et il fait de nouveau partie du tissu culturel anglais. Enfin, il est possible d'étudier l'art préraphaélite avec objectivité et sans passion et de l'apprécier pour ce qu'il est, c'est-à-dire probablement la plus fascinante et la plus intéressante école de l'art que l'Angleterre ait jamais produite.

Frank Cadogan Cowper (1877-1958)
La Belle Dame sans merci

Signé et daté de 1926
Toile 102 × 97 cm
Collection privée, Londres

Cadogan Cowper peut prétendre être véritablement le dernier des préraphaélites, car il continua à peindre, à l'Académie royale, jusque bien avant dans ce siècle, des chevaliers arthuriens et des demoiselles en détresse. Bien que les modèles et les visages aient un air 1920, le ton général de ses tableaux est encore auhentiquement préraphaélite. Il a également peint des murals au siège du Parlement et son tableau *Sainte Agnès en prison* a été acheté par le Chantrey Bequest (legs Chantrey).

Bibliographie

La bibliographie du préaphaélisme est vaste et elle s'enrichit tout le temps. La meilleure étude en a été faite par William E. Fredeman qui l'a publiée sous le titre *Préraphaélisme : une étude bibliocritique* (Harvard University Press, 1965). La liste qui suit n'est donc qu'un guide d'introduction aux meilleurs livres de caractère général sur ce sujet ainsi qu'une énumération des biographies disponibles de certains peintres en particulier. Plusieurs de ces livres sont rares ou épuisés et on ne peut les trouver que dans les bibliothèques. On les mentionne ici avec la date de leur première édition.

LIVRES A CARACTÈRE GÉNÉRAL

Bate, Percy H., *The English Pre-Raphaelite Painters : their Associates and Successors* (Bell & Co., Londres, 1899).

Marillier, Henry Currie, *The Liverpool School of Painters* (Londres, 1904).

Gaunt, William, *The Pre-Raphaelite Tragedy* (Jonathan Cape Ltd., Londres, 1942).

Ironside, Robin, and Gere, John A., *Pre-Raphaelite Painters* (Phaidon Press Ltd., Oxford, 1948).

Boase, T.S.R., *English Art 1800-1870* (Oxford University Press, Oxford, 1959).

Reynolds, Graham, *Victorian Painting* (Studio Vista, Londres, 1966).

Bell, Quentin, *Victorian Artists* (Routledge and Kegan Paul Ltd., Londres, 1967).

Maas, Jeremy, *Victorian Painters* (Barrie and Rockliff, Londres, 1969).

Nicoll, John, *The Pre-Raphaelites* (Studio Vista, Londres, 1970).

Hilton, Timothy, *The Pre-Raphaelites* (Thames and Hudson Ltd., Londres, 1970).

Fleming, G.H., *That Ne'er Shall Meet Again* (Michael Joseph Ltd., Londres, 1971).

Wood, Christopher, *The Dictionary of Victorian Painters* (Antique Collectors' Club, Woodbridge, 1971).

Staley, John, *The Pre-Raphaelite Landscape* (Oxford University Press, Oxford, 1973).

Wood, Christopher, *Victorian Panorama : Paintings of Victorian Life* (Faber and Faber Ltd., Londres, 1976).

LIVRES ET CATALOGUES SUR CERTAINS ARTISTES

Ford Madox Brown

Hueffer, Ford Madox, *Ford Madox Brown, A Record of his Life and Work* (Londres, 1896).

Walker Art Gallery, *Ford Madox Brown* (Liverpool, 1964).

Edward Burne-Jones

Bell, Malcolm, *Edward Burne-Jones, A Record and Review* (George Bell and Sons, Londres, 1892).

Burne-Jones, Georgiana, *Memorials of Edward Burne-Jones*, 2 vol. (Macmillan, Londres, 1904).

Harrison, Martin and Waters, Bill, *Burne-Jones* (Barrie and Jenkins, Londres,1973).

Fitzgerald, Penelope, *Edward Burne-Jones, A Biography* (Michael Joseph, Londres, 1975).

Arts Council of Great Britain, *Burne-Jones* (Londres, 1975).

William Dyce

Poynton, Marcia, *William Dyce* (Clarendon Press, Oxford, 1979).

Arthur Hughes

National Museum of Wales, *Arthur Hughes* (Cardiff, 1971).

William Holman Hunt

Hunt, William Holman, *Pre-Raphaelitism and the Pre-Raphaelite Brotherhood*, 2 vol. (Londres, 1905).

Walker Art Gallery and Arts Council of Great Britain, *William Holman Hunt* (Liverpool, 1969).

Hunt, Diana Holman, *My Grandfather, his Wives and Loves* (Hamilton, 1969).

John Everett Millais

Millais, John Guille, *The Life and Letters of Sir John Everett Millais* (Londres, 1899).

Walker Art Gallery, *John Everett Millais* (Liverpool, 1967).

Lutyens, Mary, *Millais and the Ruskins* (John Murray Ltd., Londres, 1967).

William Morris

Mackail, J.W., *The Life of William Marris* (Longmans and Co., Londres, 1901).

Henderson, Philip, *William Morris, his Life, Work and Friends* (Thames and Hudson Ltd., Londres, 1967).

Dante Gabriel Rossetti

Rossetti, William Michael, *Dante Gabriel Rossetti : His Family Letters* (Ellis and Elvey Ltd., Londres, 1895).

Rossetti, William Michael, *Ruskin, Rossetti, Pre-Raphaelitisme : Papers 1854-62* (G. Allen, Londres, 1899).

Rossetti, William Michael, *Pre-Raphaelite Diaries and Letters* (Hurst and Blackett, Londres, 1900).

Marillier, Henry Currie, *Dante Gabriel Rossetti : An Illustrated Memorial of his Art and Life* (George Bell and Sons, Londres, 1899).

Doughty, Oswald, *A Victorian Romantic : Dante Gabriel Rossetti* (Oxford University Press, Londres, 1960).

Grylls, Mary R.G., *Portrait of Rossetti* (Macdonald, Londres, 1964).

Fleming, G.H., *Rossetti and the Pre-Raphaelite Brotherhood* (Hart-Davies, Londres, 1967).

Surtees, Virginia, *The Paintings and Drawings of Dante Gabriel Rossetti 1828-1882 : A Catalogue Raisonné*, 2 vol. (Clarendon Press, Oxford, 1971).

Royal Academy of Arts, *Dante Gabriel Rossetti* (Londres, 1973).

Nicoll, John, *Rossetti* (Studio Vista, Londres, 1975).

Frederick Sandys

Brighton Museum and Art Gallery, *Frederick Sandys* (Brighton, 1974).

John William Waterhouse

Hobson, Anthony, *John William Waterhouse* (Studio Vista, Londres, 1980).

GALERIES D'ART

Presque toutes les grandes galeries d'art anglaises possèdent des œuvres préraphaélites, mais les meilleures collections se trouvent dans les musées et galeries que voici :

Tate Gallery, Londres

Victoria and Albert Museum, Londres

Birmingham City Museum and Art Gallery

Manchester City Art Gallery

Walker Art Gallery, Liverpool

Aux États-Unis, plusieurs musées possèdent des tableaux préraphaélites, mais les plus belles collections sont les suivantes :

Bancroft Collection, Wilmington Society of Fine Arts, Delaware

Fogg Museum, Harvard University, Cambridge, Massachusetts.

Index

Les références aux planches en couleur et aux illustrations en noir et blanc sont en italique.